这厢有礼

经典作品中的礼仪

◎ 程　燕／著

张冰洁／插图

云南人民出版社

图书在版编目（CIP）数据

这厢有礼 : 经典作品中的礼仪 / 程燕著 ; 张冰洁
插图 . -- 昆明 : 云南人民出版社 , 2023.11
ISBN 978-7-222-22173-4

Ⅰ.①这… Ⅱ.①程…②张… Ⅲ.①礼仪－文化－
中国 Ⅳ.① K892.26

中国国家版本馆 CIP 数据核字 (2023) 第 216690 号

责任编辑　郭木玉
　　　　　　薄　思
助理编辑　巫孟连
装帧设计　石　斌
责任印制　代隆参

这厢有礼——经典作品中的礼仪

程　燕◎著
张冰洁◎插图

出　版　云南人民出版社
发　行　云南人民出版社
社　址　昆明市环城西路 609 号
邮　编　650034
网　址　www.ynpph.com.cn
E-mail　ynrms@sina.com
开　本　889mm×1194mm　1/32
印　张　7.875
字　数　171 千
版　次　2023 年 11 月第 1 版第 1 次印刷
印　刷　昆明美林彩印包装有限公司
书　号　ISBN 978-7-222-22173-4
定　价　32.00 元

云南人民出版社微信公众号

序 一

在这个快节奏的年代，心浮气躁似乎成了一种典型症候。在闲暇间隙，很多人更愿意把时间交给手机、网络，更愿意交给频繁更新的晒美食、晒心情、晒孩子的朋友圈。在地铁里、广场上……我们几乎无法寻觅到捧一卷书在闹中取静的阅读者。公众场合专心读书的剪影已成为记忆中一帧褪色变黄的老照片，端坐于书桌前将所思所想凝结于笔端的写作者更是稀有。

程燕是这个浮躁底色社会中的内心沉静之人。多年来，她坚持阅读与写作，与书籍为伴，与文字为友，以思考和表达为乐。

2023年4月，收到程燕的《这厢有礼——经典作品中的礼仪》书稿，置于案头，我似乎看到了一个挑灯夜读、辛勤笔耕的身影；打开文本，我又真切地感受到了一个温婉沉静与文思敏捷并存的她。她的文笔清新如春雨，恬淡若秋菊。

书稿从传统文化与经典文学入手，在"'礼之根'——典籍中的礼仪"部分，作者以《论语》《大学》《中庸》《弟子规》为依托，从礼仪的角度学习传统文化，从"根脉"中汲取养分，让中华文化焕发出时代风采；在"'礼之花'——文学中的礼仪"部分，于经典文学作品中探寻礼仪之美，让文学与礼仪牵手，从另外一个维度打开了阅读视窗。

礼仪类书籍，市场上并不少见，而将传统文化、经典文学与礼仪进行融合的却屈指可数，《这厢有礼——经典作品中的礼仪》颇具匠心的营造让它成为该领域一个可喜的存在。它呈现出如下鲜明的特征。

一是体例新颖。行文结构由不同的模块组成，上篇涵盖的模块主要有：经典再现、读书明礼、随感、品格言或礼仪故事等；下篇的模块主要包括：诗词再现、诗词赏析、明礼知仪、知识窗等，这样的编排体例让读者眼前一亮，减少阅读疲劳，增加阅读新体验。

二是引人入胜。章节标题命名有创意，单看标题，即可诱发阅读欲望，如"似这般姹紫嫣红——诗词中的礼仪""魅力不止城南事——小说中的礼仪"等；上篇的"随感"部分，皆由一个个有"我"在场的原创小故事组成，每个故事独立成文，它们或取材于作者的礼仪课堂，或系作者亲身经历的事情，或系作者身边的一些人情世态……极易与读者产生情感共鸣。

三是文笔清新。作者文笔清丽细腻，选材避开宏大而撷取身边事、身边景、身边人，娓娓道来又耐人寻味，平和从容又走心入心。

作为一名高校礼仪教师，程燕对教学倾注了浓情深爱；同时，她又运用自己文学专业背景的优势，将文学与礼仪嫁接，使之开出了一朵绚烂夺目的花。

　　生活，一半俗常，一半禅意；一半烟火，一半清欢。作者在冗长的日子里，用文字链接起现实世界与文化想象，搭建了诗意和远方。

　　祝福作者，未来，用自己的坚持和热爱，在喧闹的俗世里继续营造宁静与祥和的好时光！

孙先科

2023年4月30日春末

序 二

2016年初见如春。程燕就像一缕春风拂面，明媚阳光，恰到好处的舒服，不急躁、不用力。我们有过短暂的交流，不足够深入，却又足以让人记得。

2017年再见如夏。程燕就像夏日盛放的花，热烈认真、投入专注。她成为我私教班的学员。那是一个公众假期，她专程从郑州赶到北京，别人在休假，她在拼命地学习。是的，她特别勤勉用力地投入，想把一门学问钻研得更加深入，想把一件事情做到极致，我在她的身上看到更多的是蓬勃热烈的状态，热爱礼仪、怀揣使命，所以她有一种无法掩饰的执着精神，灿烂得如那年夏天盛放的花朵。

2020年相见如秋。这一年，我们开始通过视频方式"见面"。孜孜不倦才能有累累收获。程燕参加了我的许多视频课程学习，即使不能见面，但我们仍然同行在礼仪成长的路上，仿佛秋天挂满枝头的果实，耕耘就有机会收获了。当时她还在北京大学访学，也在承担着其供职单位的教学任务，在本已非常繁重的学业与工作之外还要兼顾孩子，可她仍然挤出间隙孜孜不倦地按照要求认真打卡、听课，每次在班级的答疑群都能准时看到她在打卡、提交作业。

这几年，每一个重大的节日，定会收到她的暖心祝福与问候，她是我社交媒体中温暖的存在，让我相信友谊，相信真诚。

这一次，收到她的书稿，仿佛看到了冬天最晶莹美丽的雪花。对，就是这些旋转的文字，润泽了冬日。

作为一名高校礼仪教师，程燕有多年的授课经验；而对礼仪的热爱，让她始终不离不弃地进行深耕。而今，她虽然在攻读文学专业的博士，但对礼仪仍旧一往情深。

《这厢有礼——经典作品中的礼仪》是她努力的见证。

"新绿阴中燕子飞"，春意浓，燕子归，祝福燕子。

纪亚飞

2023年4月14日于北京

目录

"礼之根"

——典籍中的礼仪

典籍是我国宝贵的精神财富，是中华文化源远流长的见证之一，具有重要的历史、思想、文化价值以及经济价值。《论语》《大学》《中庸》《弟子规》为典籍的重要组成部分，作为中华优秀传统文化，它们是中华民族的"根"和"魂"，是最深厚的文化软实力。从礼仪的角度学习传统文化，从"根脉"中汲取养分，让中华文化焕发出时代风采。

第一章 仁爱修心
——《论语》中的礼仪

第一节 言传身教

经典再现

其身正，不令而行；其身不正，虽令不从。

——《论语·子路篇》

译文：如果自身端正，不用发布命令人们也会遵从；倘若自身不端正，即使发布命令人们也不会遵从。

【读书明礼】

作为儒家思想的奠基人，孔子提倡以"仁""爱"为中心。他认为：作为当权者，应当以身作则，依靠个人的言行和魅力来影响和感召他人，而不仅仅是靠发号施令来进行管理。

正人先正己。言传身教的力量非常强大。在家庭教育中，父母是孩子的第一任老师，其一言一行都在潜移默化地影响着孩子；在学校教育中，老师的言传身教也发挥着重要的作用，老师成为孩子的典范和榜样，方能使孩子通情达理，从而发挥教育的强大效力；在单位，各级领导干部以身作则、率先垂范，才能够形成令人心悦诚服的人格魅力，上行下效，营造积极良好的工作氛围，增强团队的向心力与凝聚力。

🔅 随感

"其身正，不令而行；其身不正，虽令不从。"此经典名句本意虽非指教师，但用于教师职业，却是如此合适。师者，不仅仅止于传道授业解惑也，其无声的身教影响有时候可能远远大于言传。尤其是作为礼仪教师，其良好的风貌与言行更具示范性，并会因此感染、感召学生，给学生以积极向上、正能量的情感和动力引导。

其一，服装的身教示范性

莎士比亚曾说：一个人的穿着打扮，就是他修养、品位、地位的最真实写照。身为礼仪教师，着装比其他科目教师要更为用心。服饰是一种非语言交流的媒介，是一种无声胜有声的交流语言。礼仪教师的服装在某种程度上应该是一种典范与表率，因为它无形之中就会被学生评价、模仿，也会间接影响到课堂效果。"服饰礼仪"为礼仪教学的重要内容，如果礼仪教师自己的服装没有示范作用，就无法与教学内容相得益彰，也难以形成有效的说服力。故，对于服饰，我不敢有丝毫的忽视和怠慢，每次上课前一天，我必定会精心挑选衣服，包括应该搭配的包与饰品。一学期16个教学周，若给同一个班上课，我从来不允许同一套衣服在课堂上出现两次，因为在我内心深处，上课是一件无比隆重、神圣、崇高、充满仪式感的事情！很多同学在上了礼仪课之后总会欣喜地给我反馈——他们每节课都能从燕子老师的穿搭中获得一些灵感，他们比之前更懂得如何进行色彩的搭配，也更懂得在什么场合下该穿什么类型的衣服了。他们的青春，因为懂得了服饰的规则而更添了一分动人之美。教师的服饰之美，也应为师德师风建设的一个组成部分，它体现了教师对教学、对岗位的深沉热爱。

其二，教师的行为示范性

教师的一言一行、一举一动均会对学生产生潜移默化、春风化雨般的影响，比如是否能提前到教室候课、是否能在授课时关闭手机，这些细节行为均会悄无声息地渗透并改变着学生。从教十几年，我坚持做到了提前20分钟到教室，晚上的通识选修课我往往会提前40分钟左右到达，保证同学们到了教室就能看到在音乐中以微笑迎候着他们的我；上课时，我的手机向来是处于关机模式，因为在这个时间段，在我心里，上课就是最重要的事情，我珍惜并享受课堂上和同学们相处的每一寸时光，决不允许手机成为课堂不和谐的音符。因为我的足够自律，同学们平时也能做到在上课前10分钟全部落座；因为我向同学们承诺过自己的手机铃声绝对不会出现在课堂，所以同学们都自觉地将手机调至静音；因为我的手机从来都不出现于讲台桌面，所以同学们的手机也都自觉放于书包或桌斗里，只在需要用手机进行辅助教学时才会拿出来使用。有学生在发给我的微信中如是说："燕子姐姐，当您在第一次课上立规矩说不能做低头族、不能将手机放在课桌上时，我还担心自己一节课都不看手机该是多么漫长啊，可是后来发现形成习惯后这并不难，反而感觉一节课过得如此短暂……"杜绝手机对课堂的负面影响，也是师德师风建设的一个重要方面，它体现了教师对职业的敬畏之心、对教学对象的尊重之意。

"是以圣人居无为之事，行不言之教。"①"不言"并非无所作为，而是以身教影响之。父母和孩子之间、老师和学生之间、管理者和员工之间，无声的身教要胜过厉声呵斥，胜过制度的干预和约束。上午8点10分的课，我通常7点20分到校，每次到达学院时，总能看到学院领导已经在办公室了；周三下午例会，要求老师们13点50分签到完毕，学院领导总能在13点40分于会议室坐定。这，也是一种不言之教吧。

【礼仪故事】

桃李不言，下自成蹊

"桃李不言，下自成蹊"是司马迁对汉代名将李广的高度评价。

李广是汉朝一位杰出的军事将领，英勇机智，擅长骑射，曾率兵和匈奴进行过大大小小70多次战斗，立下赫赫战功。他为人廉洁宽厚，凡事能身先士卒。行军途中，遇到缺水断粮之时，一旦有了水源和粮食，他要等士兵们全喝到了水自己才会去喝；与

---

①［魏］王弼注、楼宇烈校释：《老子道德经注》，中华书局2011年版，第7页。

士兵一起吃饭，等士兵全吃完他才会吃；皇帝赏给他的物品，他总是与部下一同分享。为此，他深受士兵们的爱戴和拥护，士兵们皆心甘情愿地追随他作战。李广去世那天，全军将士都失声痛哭。老百姓听闻消息，也无不悲伤流泪。

司马迁在《史记》中记叙了李广可歌可泣的一生，并如此评价——余睹李将军悛悛如鄙人，口不能道辞。及死之日，天下知与不知，皆为尽哀。彼其忠实心诚信于士大夫也？谚曰："桃李不言，下自成蹊。"

"桃李不言，下自成蹊"用来比喻为人真诚笃实，自然能感召人心。

第二节　心怀感恩

经典再现

父母之年，不可不知也。一则以喜，一则以惧。

——《论语·里仁篇》

译文：父母的年龄不能不知道，一方面因其长寿而高兴，一方面又因其年迈而有所担忧。

【读书明礼】

百善孝为先，"孝"是中华民族的传统美德。孔子认为，孝敬父母，首先要记住父母的年龄。感恩父母，孝顺长辈，才会由此及彼，感恩社会和国家。

身为子女的我们，静谧之时，请轻轻叩问内心：你是否记得父母的生日？你是否在每一个生日都给父母准备了礼物？你有多久没有给父母过过生日了？

父母记得我们的每一个生日，小时候，会给我们准备一份我们惦念已久的礼物；长大了，远离家门的我们也会在生日这天收到父母的祝福与问候。我们也许能记得恋人的生日，记得好友的生日，记得同学的生日，为什么，却唯独忘记了最爱我们的那两个人的生日呢？

即使生活再忙碌，都要一定而不是试着记住父母的生日。在父母有限的晚年，尽可能地为他们做一些力所能及的事情。尽一份孝心，收一份安心！

🌀 随感

"父母之年，不可不知也，一则以喜，一则以悲。"再读《论语》中的这句话，心弦仍然被轻轻地拨动。

小时候，在我们小小的心尖上，父母就是不老的、万能的男神女神。当我们想要自己心仪的东西时，父母总能想尽办法帮我们圆梦；当我们遇到挫折心灵受伤时，父母总能及时敞开温暖的怀抱。

时光无言，如指尖悄无声息滑落的流沙。

好像就是突然有那么一天，我们蓦然发现他们的两鬓染了霜花，他们走路的背影由矫健转为步履蹒跚，他们不再能吃生冷坚硬的食物，跟他们讲话时声音需要抬高八度他们才能勉强听清楚……

那一刻，我们突然意识到父母真的是老了，开始有点期盼又有点害怕给父母过生日，期待的是庆寿时的那种欢乐吉祥，害怕的是父母年岁已高，老态渐显。马尔克斯曾在《百年孤独》中如此说："你和死亡好像隔着什么在看，没有什么感受，你的父母挡在你们中间，等到你的父母过世了，你才会直面这些东西。"父母即是我们和死神之间的一堵墙。

父母在，我们总觉得自己是孩子，察觉不到生命的珍贵；随着父母年岁的增长，我们开始意识到了人生的短暂与匆匆，开始意识到了肩上沉重的责任。生命就是一个轮回，小时候，我们是父母的孩子；长大后，慢慢老去的父母就像我们的孩子，需要我们的关心与照顾。我父亲身体不太好，近几年陪他穿梭在医院都是我跑前跑后办理相关手续，那时候就会有些淡淡的感慨与忧伤。记得以前去医院看病时，都是父母跑前跑后地忙活。

角色，因为岁月，发生了转换。

自大学毕业后，我就包揽了父母一年四季所需要添置的衣物；趁着父母还能走得动，我带他们去国内外看看好山好水好风光；二老的生日牢记心头，从来不敢忘记；逢母亲节、父亲节，我会带他们去看看电影或者通过其他方式表示心意；为了能经常看到父母，我专门购置了房子把他们接到了身边……我在尽可能地为父母做力所能及的事情。"树欲静而风不止，子欲养而亲不待"，生命如此之短，如天空划过的流星，我不想让人生留下太多的遗憾。

当您老了，头发白了；

当您老了，睡意昏沉；

当您老了，炉火旁边打盹儿；

当您老了，不能动了，我仍然深爱着您，爱您脸上苍老的皱纹。

亲爱的爸爸妈妈，感谢您养我长大，余生不多，我愿意您做我的孩子，让我牵着您的手，陪您到老……

【礼仪故事】

黄香温席

东汉时期，有一个叫黄香的小孩，母亲去世较早。他的年龄虽小，但却非常孝敬父亲。炎热的夏天，每晚他都会先帮父亲把枕席扇凉；寒冷的冬天，每晚他都会先上床把被窝暖热。"黄香温席"的故事被后世所传颂，他本人也成为著名的"二十四孝"之一。

第三节　孝悌为本

经典再现

其为人也孝悌，而好犯上者，鲜矣；不好犯上，而好作乱者，未之有也。君子务本，本立而道生。孝弟也者，其为仁之本与！

——《论语·学而篇》

译文：那种孝顺父母、尊重兄长却喜欢顶撞触犯上级的人，是极为少见的；不喜欢触犯上级却喜欢造反作乱的人，是没有的。君子做事总是力求抓住事情的根本，根本性的东西确立了，仁道就会相应地产生。孝顺父母、顺从兄长，这就是仁的根本啊！

【读书明礼】

孝敬父母曰"孝"，敬爱兄长曰"悌"。孔子认为，"仁"为立身之本、治世之策。孝悌，是家族的规矩、家族的制度、家族的秩序，如果每一个家庭成员在家中都能够遵守孝悌，做到孝父母、尊兄长，那么这个家庭就会和睦顺遂。

孝悌也是实现国家稳定、社会祥和的有效方法，它可以形成良好的社会风尚，使一个国家呈现出"恭俭庄敬"的精神风貌，让人们日趋善良，远离罪恶，形成敦厚的习俗。

🔅 随感

某年暑假，去韩国旅游，在飞机上读《论语》，关于"仁"，犹记得当时再三琢磨体会，然因当时几乎每日都处于赶飞机的状态，睡眠严重缺乏，头脑混混沌沌，似乎多少明晓了孔子先生的"仁"之思想，似乎又无法彻底参悟。对于"仁"，是否可以做如下理解？

（一）敬老孝亲

"孝"为德之本，也是"仁"之内核。"父母在，不远游，游必有方"①是孝的体现，"父母之年，不可不知也"亦为孝的表现。同时，对父母的孝要有敬之心，"爱亲者，不敢恶于人；敬亲者，不敢慢于人"②，"不爱其亲而爱他人者，谓之悖德；不敬其亲而敬他人者，谓之悖礼"③，孝敬父母的人，必有一颗良善仁爱之心。

（二）克己复礼

朱子解释："克，胜也。己，谓身之私欲也。复，反也。礼者，天理之节文也。为仁者，所以全其心之德也。盖心之全德，莫非天理，而亦不能不坏于人欲。故为仁者必有以胜私欲而复于

---

① ［宋］朱熹撰、金良年今译：《四书章句集注》（上），上海古籍出版社2006年版，第93页。

② 胡平生、陈美兰译注：《礼记·孝经》，中华书局2012年版，第225页。

③ 胡平生、陈美兰译注：《礼记·孝经》，中华书局2012年版，第248页。

礼，则事皆天理，而本心之德复全于我矣！"①克服内心的私欲，克制不当之行为，行事有所节制，不为外物所诱惑，不为外因而大喜大悲，向内修心，能够消灭心中之"贼"；依礼行事，"非礼勿视，非礼勿听，非礼勿言，非礼勿动"②，一切行事准则皆以"礼"作为指南，不做不合礼之事。如此，应当也是通达"仁"之境界的一种修养方法。

【品格言】

人之行，莫大于孝。

——《孝经》

千经万典，孝义为先。

——《增广贤文》

孝子之至，莫大乎尊亲。

——孟子

①［宋］朱熹撰、金良年今译：《四书章句集注》（上），上海古籍出版社2006年版，第171页。
②［宋］朱熹撰、金良年今译：《四书章句集注》（上），上海古籍出版社2006年版，第170页。

第四节　距离有度

经典再现

　　事君数，斯辱矣；朋友数，斯疏矣。

——《论语·里仁篇》

　　译文：频繁向君主进谏，就会遭受羞辱；频繁劝告朋友，反而会被疏远。

【读书明礼】

　　与领导相处，要有方法和艺术。作为下属，要有积极主动的工作精神，不要等领导反复催促几遍才着手去做；为领导提意见，倘若领导能听进去，再详细陈述，如果听不进去，就要及时住口，以免双方难堪。

　　与朋友相处，也要有方法和艺术。向朋友提建议，朋友如能听进去，可以敞开心扉地谈；如果听不进去，就不必强人所难，不合时宜地再三提及，可能会使朋友心生厌烦，从而影响了友谊的小船。

　　距离产生美，在人际交往中，保持恰到好处的距离非常必要。距离太远，不利于交谈与交往，不易维系感情；距离太近，易于侵犯他人的私密空间。与朋友相处，过往甚密反而容易冲淡友情的浓度，君子之交淡如水，彼此都给对方留下一些空间，友情或许会更长久。

随感

在机场候机，再读《论语》。

品《论语》，感悟礼仪中关于人们之间相互沟通时对交往距离的把握。

美国人类学家爱德华·霍尔博士将人际交往距离划分为4种：公众距离、社交距离、个人距离、亲密距离。在不同情景交际中，需采用不同的距离，否则便会影响沟通效果，有失分寸。

（一）公众距离

约3.6米，通常适用于作报告、演讲之际，此时台上的讲者与听者之间的距离即为公众距离。这是一个几乎能容纳所有人的空间距离。因为相距较远，故不适合人数较少的交谈对象之间运用。

（二）社交距离

1.2—3.6米之间，通常适用于客户之间、朋友之间等工作场景和社交场景。这是一种社交性或曰礼节性的距离。大家熟知的求职应聘、论文答辩、领导与员工之间的交谈均属于此范畴。在该空间区域中，声音需适当抬高，并及时给予对方以关注的目光，如若得不到来自对方的目光回应，就会有被拒绝、被忽视之感。此时，目光交流是表示认同或否定的重要情感表达方式。

（三）个人距离

0.5—1.0米之间，适合于熟识者之间运用。因之，不要轻易侵入他人的个人空间距离，因为稍不留神就会给人以被侵犯的感觉。曾有一位国外心理学家以美国人和阿拉伯人为例做了一次行为实验，因对交谈距离的要求不同，造成了如下情景的出现：美国人不断向后退，阿拉伯人不断往前进，结果美国人被"逼退"到墙角。平时，如果你发现正在和你交流的对象往后退步调整距离，就说明你离人家太近了哦。银行、机场、高铁站等1米线的设置就很好地说明了该问题，超越了1米线，无形之中会有被威胁、不安全之感。经历了疫情，1米线乃至2米线的安全距离已成为一种人人皆知的常识。

（四）亲密距离

0—0.5米之间，"亲密无间""交头接耳""耳鬓厮磨""说悄悄话""手挽手"等形容的就是亲密距离。在该距离下，彼此能感觉到对方的体温、气味等，夫妻、恋人、贴心闺蜜之间方可使用，故具有较强的私密性。普通关系的异性之间，不宜采用该距离；在公众场合，恋人或夫妻之间也要把握好度，不要在公众场合做亲密状；同样，两位男性若在公共场合不慎使用了亲密距离，也可能会遭人误解。相互之间距离的远近，亦可看出双方之间的亲近程度、感情浓度等信息。

由此看，人际交往中若把握不好距离的度与分寸，难免会带来一定的负面影响。

飞机缓缓降落，零碎心得之语也即将收尾。美，是一种恰到好处的距离，愿你、我、他（她）都能妥帖地演绎这种距离之美！

【品格言】

人就像寒冬里的刺猬，互相靠得太近，会觉得刺痛；彼此离得太远，却又会感觉寒冷；人是必须保持适当的距离过活。

——叔本华

真正的友谊，是需要保持一定的距离的。有距离，才会有尊重；有尊重，友谊才会天长地久。

——尤今

第五节 以礼待人

经典再现

礼之用，和为贵。先王之道，斯为美，小大由之。有所不行，知和而和，不以礼节之，亦不可行也。

——《论语·学而篇》

译文： 礼的功用，遇事如能做得恰当和顺为可贵。以前的圣明君主治理国家，最可贵的地方就在这里，他们做事，无论事大事小，都按这个原则去做。如遇到行不通的，仍一味追求和顺却并不用礼法去节制它，也是行不通的。

【读书明礼】

"道之以政，齐之以刑，民免而无耻；道之以德，齐之以礼，有礼且格。"①孔子认为，用政令和刑罚管理制约百姓，或许可以暂时避免其犯罪，但并不能让他们意识到犯罪可耻的心理；如果用道德和礼教来约束老百姓，他们不仅会有羞耻之心，还能恪守正道，纠正自己的错误。某种程度上，道德教化和以礼治国要比苛政刑罚高明许多。

礼仪是在日常人际交往中人们应当遵循的行为准则和规范，

① ［宋］朱熹撰、金良年今译：《四书章句集注》（上），上海古籍出版社2006年版，第67页。

礼可以协调社会成员之间的关系，使社会秩序平稳有序地发展。"礼"之和谐，包括社会之"和"、家庭成员之"和"、朋友之"和"。人人都守礼，社会才能和谐有序，谦恭友爱；人人不守礼，社会秩序则会越来越糟糕。

🌀 随感

礼为《论语》之核心思想，关于"礼"之论述，散见于《论语》各篇章。礼在古代发挥着重要的作用，学习礼，应当打通时空的隧道，古为今用，让古礼之精华得以有效传承与运用，发挥其最大价值。

礼为表敬的准则和规范。礼的本义为"敬神"，后来演变为"敬人"的统称。礼是一种惯用的行为准则，它和法律、道德并称人类社会的三大保护神，但它不像法律那样严苛，也不像道德那么凛然。无论是敬神或是敬人，其中均离不开"敬"字，"居上不宽，为礼不敬，临丧不哀。吾何以观之哉"[①] "君子敬而无失，与人恭而有礼"[②]，都体现了礼之敬意。

礼为修身之本。"不学礼，无以立"[③]，欲立身，先立品。"非礼勿视，非礼勿听，非礼勿言，非礼勿动。"修身，需从礼仪开始。

礼可以美化形象。学习礼，最大最直接的受益者就是自己。

---

①［宋］朱熹撰、金良年今译：《四书章句集注》（上），上海古籍出版社2006年版，第86页。

②［宋］朱熹撰、金良年今译：《四书章句集注》（上），上海古籍出版社2006年版，第173页。

③［宋］朱熹撰、金良年今译：《四书章句集注》（上），上海古籍出版社2006年版，第227页。

"质胜文则野，文胜质则史，文质彬彬，然后君子。"[①]适当的性情与礼仪的良好结合，如此才合乎君子之道。在礼的指导下，我们的形象会有更好的提升。社会发展到今天，礼仪已经成为培养大学生和职场人良好形象、优雅气质、翩翩风度的必修课。

礼可以美化人际关系。古代以礼治国，教化人民。在现代，礼也如同润滑剂一样，调节着人与人之间的关系，让人际交往变得更和谐。在社会交往过程中，人们注重礼仪规范就能够避免不必要的冲突和误会，化干戈为玉帛。

礼可以净化社会风气。礼仪是社会文明程度的一种标志和反映，它对社会风尚能够产生广泛持久而深刻的影响。讲礼的人同时也会对周围的人起到榜样的作用，进而对他人产生潜移默化的影响，它是一个民族、企业精神面貌和凝聚力的体现，是社会发展的助力器、良好社会秩序建立的基石。

【品格言】

博学于文，约之以礼。

——孔子

礼貌是有教养人的第二个太阳。

——赫拉克利特

一个人的礼貌，就是一面照出他的肖像的镜子。

——歌德

---

① [宋]朱熹撰、金良年今译：《四书章句集注》（上），上海古籍出版社2006年版，第113页。

第六节　简单快乐

经典再现

一箪食，一瓢饮，在陋巷，人不堪其忧，回也不改其乐。贤哉，回也！

——《论语·雍也篇》

译文：一箪饭，一瓢水，住在简陋的小屋里，别人都忍受不了这种穷困清苦，颜回却没有改变他好学的乐趣。颜回的品质是多么高尚啊！

【读书明礼】

凡事从简，越是简单的生活越容易找到快乐，不为物质所诱惑，不醉心于物质享受，做一个简单的人。心境平静沉着，不追求名利，不被物欲所扰，做一个内心富有的人。

正如著名作家林清玄所言："清欢是生命的减法，在我们舍弃了世俗的追逐和欲望的捆绑，回到最单纯的欢喜，是生命里最有滋味的情境。"面对宠辱，要学会做自我的主人，操控内心，把关注从"他人"转向内心，人生便自会少了不必要的羁绊，更多了心灵的洒脱。要学会取舍，放空心灵，远离声色之娱，摒弃物欲，生活上简约，思想上清心。

🌀 随感

初秋的阳光，若水晶般透明清澈，水亮水亮地流淌于天地间。在这样的氛围里，读《论语》，有一种难得的静谧安好，有一种秋日私语般的温馨和烂漫。

这句话，让我想到了我读硕士时的导师。

导师姓乐，毕业于北大中文系。

在世俗眼中，乐老师是一个"怪人"。

乐老师家的厨房里只有一种调料——盐。他做菜只有蒸和煮两种做法，是非常养生的吃法。有一次我和师兄师姐受邀去他家过元旦，乐老师给我们上了满满一桌子"养生斋"，酥肉和丸子均用水汆出来，而非油炸。

乐老师喜欢游泳，尤爱冬泳，即使年逾古稀，仍然持之以恒，从未中断，每天下午4点左右雷打不动地去游泳。

乐老师家里的家具朴素无华而且很有年代感，电视还是最古老的那种……整体风格挺适合六七十年代的影视剧室内取景。

乐老师衣着简朴，一件衣服能穿N多年。某年春节，我去探望他时给他带了件羊毛衫，乐老师固执地说："退了吧，退了吧。我平时只穿纯棉的衣服，新衣服穿在身上不自在，你看我这件棉衣都穿了20年啦！"

…………

乐老师的生活简单至极，对于吃穿住行这些日常世俗，他老人家几乎无欲无求，别人看来难以理解与忍受的生活方式，而他却乐于其中，怡然地享受着这种简单的快乐！也许正因为如此，才能"为腹不为目，故去彼取此"①，因为没有太多的欲望，他才能静守恬淡与安详吧。

在繁华俗世中，学会守住清贫、耐住寂寞，远离虚荣和物质的诱惑，享受平淡日子里的小快乐。我始终相信，真正的美丽不是奢华的附庸，而是知识的光芒与人格的魅力。

【品格言】

志出澹泊，节丧肥甘。

——《菜根谭》

知足天地宽，贪得宇宙隘。

——曾国藩

知足常足，终身不辱；知止常止，终身不耻。

——《增广贤文》

---

①［魏］王弼注、楼宇烈校释：《老子道德经注》，中华书局2011年版，第31页。

第七节　老者安之

经典再现

老者安之，朋友信之，少者怀之。

——《论语·公冶长篇》

译文：我愿老年人安度晚年，朋友之间相互信任，年幼的人得到照顾。

【读书明礼】

每个人都有自己的理想和奋斗目标。"老者安之，朋友信之，少者怀之"，这是孔子的个人追求，也是一种崇高的社会理想。

诸葛亮曾言："志当存高远。"心怀积极向善、有益于家国民众的高尚远大的志向，我们才能以更丰沛的热情、更饱满的精力、更大的潜能去创造出不凡的业绩。一个人，若心无志向或者只有鸿鹄之志，囿于个人狭隘的小天地，则很难有所成就。

随感

"老者安之，朋友信之，少者怀之。"当我读到这句话时，瞬间想到了一个1992年的大男孩——林。

林的父亲是一位牙医，自己开了一家牙科诊所，小诊所经营得风生水起，红红火火。当年高考填报志愿时，林的父亲坚持让林读口腔专业，以便将来继承其衣钵，而执拗的林无比固执地选择了很多男孩子避之不及的老年护理专业，他父亲被气得大病一场。

"走自己的路，让别人说去吧。"林义无反顾地开始了老年护理专业的学习之旅。

印象中，林一直是个听话懂事的孩子，孝顺长辈，谦虚有礼，在饭桌上总是会把好吃的食物先夹给爷爷奶奶。

毕业后，执着的林走向了心仪的工作岗位——上海某老年护理中心。每天，他要陪老人出来散步晒太阳，要为老人喂药喂饭，要帮老人翻身洗澡，甚至要帮助那些常年卧床不能正常如厕的老人清洁身体……工作强度之大，工作内容之烦琐而单调，风华正茂的他却倾情投入。

有一次我跟他聊天，问他有没有为当初的选择后悔过，是否想过再换一种行业，他淡淡地笑言："我很喜欢这份工作，目前还没有转岗的打算呀。"

他的云淡风轻，却感动得我鼻尖一酸差点落泪。

从他的坚持里，我分明看到了一颗至善澄澈的心，看到了一种无私大爱的情怀。

"老吾老以及人之老，幼吾幼以及人之幼。"林用无言的实际行动为这句话做了注解。

读大学时，我有一个非常强烈的愿望和梦想——毕业后自己能注册一个养老机构或是收养几个孩子，让老无所依者及幼被遗弃者有一个温暖的家。

　　梦想的方向，终归还是偏离了轨道。

　　我所能做的，仅仅是节假日去养老院做做志愿者，仅仅是十几年来每年大年初一坚持去市儿童福利院看望一下那些可爱的失去了父母关怀的孩子们。

　　与林相比，我到底还是未能坚持自己的初心。

　　林，是我家先生的亲侄子，一个普普通通的老年护理中心的从业人员。

【品格言】

　　老来受尊敬，是人类精神最美好的一种特权。

——司汤达

　　亲善产生幸福，文明带来和谐。

——雨果

　　我们体贴老人，要像对待孩子一样。

——歌德

第八节 谦逊谨慎

经典再现

孟之反不伐，奔而殿，将入门，策其马，曰："非敢后也，马不进也。"

——《论语·雍也篇》

译文：孟之反不喜欢自夸，打仗败了，他走在最后（掩护撤退）。快进城门时，他用鞭子抽打着马说："不是我敢殿后呀，是我的马不肯快跑呀！"

【读书明礼】

孔子通过描述事实，观察孟之反的所作所为，可以看出孔子不喜居功自夸，善于教弟子们以深观现实生活而悟出道理。

殿后需要勇气、能力和自信。"待人要谦逊，做人要严谨，遇事不逃避，戒骄戒躁。"做人要谦逊，谦逊能够帮助你赢得良好的人际关系，让他人更加认同自己，可以获得更多的帮助，能让自己有更大的成长空间。保持不骄不躁的心态，居功不自夸，不好大喜功，不自我炫耀，这是一种修养、一种胸襟、一种气度。

🌀 随感

拖着小拉杆箱去单位人事处交材料。

为了整理这些材料，不得已翻箱倒柜把一些束之高阁的书籍刊物证书之类的找出来，平铺了一桌子。之后打开电脑，按照要求填写了整整一天表格，再跑出去找打印店打印、复印、胶装，装订好后才发现遗漏了证书复印件，无奈第二天又重新返工。

第三天，拿着自认为完美无缺的材料去交，却又被审核极其严格的人事处老师告知还有两处细节需要修改。那一刻，我有要崩溃的感觉，却又无法发作，只得再次去打印店更改、装订，因为牵一发而动全身，前前后后被迫作废了240张纸（实在罪过）。

我完全没有料到，作为省模范教师的参评者，要准备的材料一点都不亚于当年评职称的动静。

2019年的暑假，学院领导电话告知我被推荐为省模范教师，作为学院的唯一一个被推荐人选，要去学校和其他部门的十几位被推荐老师同台PK，然后在全校范围内选出2人报省教育厅。

闻讯后，我喜忧参半，喜的是工作被领导肯定，忧的是担心落选让领导失望。

记得某年教师节前夕，我被学院推选为校级优秀教师，当时我第一时间就找到学院领导表态把名额让给教研室的其他老师，我深知教研室还有一些默默无闻、兢兢业业、全心全意对待教学的好老师，他们更配得上"优秀教师"这个称号，他们也更需要被鼓励、被肯定。我请求道："我是真心实意想让出这个名额和机会的，我已经是市级优秀青年教师和师德先进个人了，这次的机会还是让给别人吧！"可是领导毫不客气地拒绝了我："这是组织的决定，作为一名优秀共产党员，你应当服从组织安排！再说，优秀哪有让出去的！"

所以，这次，当通知我作为省级模范教师的参选人时，我只好默认并努力去准备材料。

"养心莫善于寡欲。"

一直以来，对名和利，我都非常寡淡。我发自内心地热爱教学、热爱课堂、热爱学生，正因为此，我倾注了浓浓深爱，倾注了款款深情，我所做的，只是作为教师应做好的本职工作而已。

我只是一名如此渺小平凡的礼仪教师而已，我也只愿自己只是人淡如菊、心素如简的温婉女子而已。

拥有太多的"光环"，无形的压力也会随之而来，会让人沉重得难以喘气，也会有高处不胜寒之感。

在晨曦中，再次读到"养心莫善于寡欲"这句话时，更是有高山流水遇知音的欣喜。那一刻，对是否能当选为省级模范教师的小忧虑一扫而光。

"养心莫善于寡欲。"当我再次以这句话告诫自己时，在那个暑假即将结束之际，某天晚7点，我突然接到人事处电话："经专家评选，经校党委会研究决定，你被学校推荐为省模范教师。"

这一瞬，我的内心平静到波澜不惊，没有意外，也无惊喜。

【礼仪故事】

拜观众为师

梅兰芳是我国著名的京剧表演艺术家，有一次，他在戏院上演《杀惜》，演至精彩处，博得了观众不绝的喝彩声。

忽然，从下面传来一位老者平静的喊声："不好！不好！"梅兰芳循声望去，看到一位衣着朴素的老先生。等到演出结束，梅兰芳用专车把这位老先生接到住处，待若上宾。梅兰芳恭恭敬敬地说："说吾孬者，吾师也。先生言我不好，必有意见，定请赐教，学生决心亡羊补牢。"老先生见梅兰芳如此谦恭有礼，便认真指出："惜姣上楼与下楼之台

步，按'梨园'规定，应是上七下八，博士为何八上八下？"梅兰芳一听，恍然大悟，深感自己疏漏，纳头便拜，称谢不止。

以后每在此地演出，梅兰芳必请老先生观看并请其指正。梅兰芳的谦虚大度使得他成为德艺双馨、受人崇敬的一代大师。

第九节　礼待下属

经典再现

君使臣以礼，臣事君以忠。

——《论语·八佾篇》

译文：君主应该按照礼节役使臣子，臣子也应该以忠心服侍君主。

【读书明礼】

尊敬如同空气，平时感受不到，但如果缺乏尊敬，则能明显感知。"君使臣以礼，臣事君以忠。"上级不对下级提过分要求，下级不对上级敷衍应付。

君与臣都应当遵循一定的礼节，如此才能取得相互的信任。无论是古代的君主还是当今的领导，对待下属都要以礼待之，给予其足够的尊重，凡事依礼而行，就会减少矛盾的产生，更易形成人和事顺的和谐环境。作为管理者，在处理上下级关系时，切忌飞扬跋扈与颐指气使。

随感

有位已退休的老校长，每次与他在校园相遇，他总是会热情爽朗地跟我打招呼："程老师，你好啊！"70多岁的他，却从不直呼我的名字。即使是新入职的年轻人，他也均以"老师"相称。

当年，去办公室找他签字，推门进去后，他通常会第一时间站起来，并往前走几步相迎；告别时，他会送到办公室门口，并亲自拉开门。

这些年，作为一名普通老师，去找过不同的领导签字，鲜少遇到能够始终坚持起身相迎和起身相送者。

他去学院，见到熟悉的老师，会在第一时间握手或者热情寒暄问候。

我见过的绝大多数校领导，最多是礼节性地向老师们点点头。

有事给他发信息，他基本都是秒回，倘若回复得迟了，他会真诚地致歉。

因为工作，平常会时不时地和一些级别不等的同事有微信往来，要么是蜗牛般的回复，要么压根就静悄悄的，没有任何回音。

对比之下，素养高下，一览无余。

…………

大家都亲切地称呼他为"老校长"，提到他，言辞之间满满的都是赞美，还有源自内心的敬重。逢年过节，大家总会记得给他发去祝福的信息，时不时地也会有老师自发组织去看望一下他。

"爱人者人恒爱之；敬人者人恒敬之。"①老校长以仁爱之心、敬人之心赢得了师生们的爱戴与尊重。

【礼仪故事】

列宁让路

有一次，列宁下楼，恰好遇到一位端着一盆水上楼的女工。因楼梯狭窄，女工准备自己退回去给列宁让路。列宁说："不用这样，你端着东西走了半截，而我现在空着手。请你先过去吧！"他把"请"字说得既亲切又响亮。然后，列宁自己紧靠着墙，等女工先上楼后他才下楼。

不因自己地位的高贵而傲慢无礼，一件小事折射出了列宁的伟大品质。

①［宋］朱熹撰、金良年今译：《四书章句集注》（下），上海古籍出版社2006年版，第378页。

第十节　管控情绪

经典再现

不迁怒，不贰过。

——《论语·雍也篇》

译文：不把自己的怒气转移到别人的身上，不重复犯同样的过错。

【读书明礼】

每个人都有情绪，情绪分为积极情绪和消极情绪，积极情绪可以扩展我们的思维和视野，让我们的内心充满了阳光和力量；消极情绪影响健康，让我们的心中经常布满了阴云和愁雨。

很多场合，我们都要学会适当控制自己的情绪。"发而皆中节"，要学会合理地控制与抒发情感，不把坏情绪带给最亲爱的人，不把坏情绪带给身边的亲朋好友，不把坏情绪带至工作岗位。

随感

读至此，颇有体会。

女儿刚上一年级时，每天要两送两接，下午放学还要陪她写作业，作业写完后每周还有3次英语线上课程，周末还有钢琴课、语言课、书法课等；作为一个非全职妈妈，自己还要忙于上课，处理工作上的各种事情。

时间，变得如此不经用。

每天早上5点多起床，一直到晚上10点左右，都在忙忙碌碌中度过。

时间，被分割成了无数个小板块，每一分钟我都视如珍宝，不敢轻易浪费。等孩子上兴趣班的时候，我是无数个家长中最不轻松的那一个——他们在埋头刷抖音，我则带着电脑在工作。

情绪，难免因此而遭受影响。于是，当闺女写作业拖拖拉拉、磨磨蹭蹭时，当她不愿意认真弹琴时，当淘气的她把家里搞得乱七八糟时，我的好脾气瞬间就若火山般爆发了，言辞立刻由温和转为刻薄。接下来的场面是：我的训斥，孩子的哭泣。

风平浪静之后，我对自己情绪失控充满了懊悔，我在想，那个时候的自己一定丑陋极了。

不止一次，女儿问："妈妈，你对你的学生那么好，那么温柔，为什么对我总是这么凶呢？"这个时刻，我有锥心般的疼痛，原来，我的行为已经无形中给孩子留下了一种这样不美好的印象。

于是，我和女儿达成了一个协议——21天内不允许发脾气，和平共处！据说，21天可以养成一个良好的习惯，我努力让自己变成一个情绪平静如湖泊而非汹涌波涛的妈妈。

21天中，无论孩子有多磨叽，无论她有多顽皮，我都以笑脸、以柔和的语调与她对话。

母女关系，因为我的改变，变得明媚灿烂；庸常日子，因为心态的变化，变得美丽灵动。

【品格言】

怒不过夺，喜不过予。

——荀子

怒中之言，必有泄露。

——冯梦龙

情绪心态之健全，比一百种智慧更有力量。

——狄更斯

第十一节 无私包容

经典再现

君子坦荡荡，小人长戚戚。

——《论语·述而篇》

译文：君子的心地开阔宽广，小人总是容易斤斤计较，患得患失。

【读书明礼】

君子无私，无我，大爱也，高远之境界也，因之心中便不会被一些琐屑之事所困扰、所纠结。小人长戚戚，此类人经常以自我为中心，只关注一己私利，因之格局狭小。

人这一生会遇到诸多不顺心之事，身处逆境，保持旷达胸怀，可以转逆为顺；荣誉错失，保持旷达胸怀，可以驱忧解愁；被人误解，保持旷达胸怀，可以无愧于心。心胸狭隘，患得患失，于己不利，于友不利。拥有博大的胸怀，让我们活得更有境界。

随感

好友丽曾讲给我这样一则故事。

当年刚入校时，她接手了一门名曰"文艺理论"的课程，作为一名教育战线的新兵，面对一门全新领域的课程，当时确实有些束手无策和茫然无助，迫切需要老教师的指点与帮助。学校有位老教师，有着20余年的教学生涯，一直在讲授文艺理论。丽诚恳地向她讨教，希望能够跟着她进课堂听课学习，可未曾料到这位前辈断然拒绝了她："你要是去听我的课，我就不讲课了！"无奈之下，她只好自己摸着石头过河刻苦钻研。

我研究生毕业初入教育行业，结缘于礼仪课的教学之旅。在这之前，礼仪课由当时的校办主任而今的副校长欣姐姐担任，缘于公务繁忙，她不得已中止教学工作，开始培养新人，我非常幸运地成了她的"徒弟"。接下来的那个学期，每次她上礼仪课都必要求我按时到课旁听；她把手头所有的礼仪书籍、光盘等都一股脑儿地给了我。后来，我们一直以师徒相称。即使她后来升迁至学校副校长的职位，私下里，我仍然亲切地呼她为"欣姐姐"。

在欣姐姐身上，我切实感受到了何谓薪火相传，何谓以老带新，何谓传帮带，感受到了一种公心无私、博大包容的胸怀。这不正是独乐乐不若与众人乐的体现么！

2016年，学校拟开设礼仪与沟通这门公共必修课，我一人的力量太过微薄，于是开始扩充储备后备力量。我把自己精心制作的所有课件、所有的视听资源都打包发给了7位新开课老师，我的课堂随时敞开大门欢迎他们每一个人。其中有一位老师，虚心好学，每次我上课她必会提前到，跟着我听了整整16周课。

独乐乐不若与众人乐。分享是一种大度，是一种美德；分享是一种修炼，是一种境界；分享是一种无言的幸福，是一种真醇的快乐！

　　分享，是淡淡的香水的味道，让你更添几许迷人的魅力。

【品格言】

海纳百川，有容乃大；壁立千仞，无欲则刚。

——林则徐

要散布阳光到别人心里，先得自己心里有阳光。

——罗曼·罗兰

人格成熟的重要标志：宽容、忍让、和善。

——戴尔·卡耐基

第十二节　闻过则喜

经典再现

子路好勇，闻过则喜。

——《论语·公冶长篇第五》

译文：子路为人正直善良，刚直好勇，别人指出他的过错，他不但不生气，反而还很开心。

【读书明礼】

俗话说：人非圣贤，孰能无过。人无完人，金无足赤。每个人都不是完美的，完美只存在于理想中。

每个人都有自己的优点，当然也会有缺点。正视自己的短板，不要惧怕别人指出自己的不足，善于听取批评与建设性意见，学会在内心深刻检讨，改正错误，如此，才能让我们更清楚地认知自己，也许有一天，劣势也将会转化成优势。

随感

闻过则喜，闻善则拜。闻善拜易，闻过喜难。

赞美是和煦春日里的那一缕清风，是炎炎夏日里的那一缕清凉。赞美之词，如天籁之音，悦耳动听，让人心情舒畅，增添自信。

我在一次礼仪师资培训班结识了同城的一位美女老师，丽质天成，美目盼兮，巧笑倩兮。因为美貌，她收获了学员们的许多赞美，有夸她堪比貂蝉贵妃闭月羞花容，有赞她堪称西施昭君沉鱼落雁貌……面对这诸多的赞美，她的好心情全写在了眼角眉梢。

人非圣贤，孰能无过。记得大学时期的一个朋友，倘若跟她相约，她通常会在约定时间之后的1个小时方才姗姗来迟。最要命的是，她从来都没有意识到自己的行为有多么不妥，也从来不会为自己的不守时而有半点愧疚之心，更不会为此说声抱歉。有一次，一位同学以调侃的口吻跟她说："大美女，如果你能再多一点点时间观念，那就相当完美啦。"听到这句话，她的脸色瞬间由晴转阴。

"人告知以过，则喜。"这真非一件容易之事。由此反观自我，很多时候自己不亦如此吗？当听到赞美之辞的时候，心情大好；当听到批评之辞时，内心隐隐地还是会有一点不舒服。

上帝让我们的眼睛只能看到前面的180度，而不能看到后面的180度，这说明我们每个人都是有局限性的，有缺点的。勇于接受别人的批评是一种智慧，是一种敢于直面自我的能力，更是一种胸襟和气度。忠言逆耳利于行，良药苦口利于病。接受批评，才能不断超越自我，成就更好的自己。

【礼仪故事】

晏子逐高缭

高缭，春秋人士，为人谨慎，任职于齐国丞相晏子手下，从未失职犯错，但晏子后来却把他辞退了。晏子说："我是一个不中用的人，正如一块弯弯曲曲的木头，必须用墨斗来弹，用斧头来削，用刨子来刨，才能做成一件有用的器具。每个人都会有自己的毛病和缺点，但是如果别人不给予提示的话，自己是看不到的。但是高缭呢，他在我身边足足3年，看见我的过错，却从来不说，这对我有什么好处？所以，我把他辞退了。"

晏子认为：指出上司的过失是手下的责任，否则就是没有尽到自己的责任，是平庸无智慧的。

第十三节　哀而不伤

经典再现

《关雎》乐而不淫，哀而不伤。

——《论语·八佾篇》

译文：《关雎》这首诗快乐而不放荡，悲哀而不悲伤。

【读书明礼】

孔子借《诗经》中的名篇《关雎》提出了哀乐均应有所节制，体现出了儒家的中庸之道。情感的表达要有分寸，做人做事应当控制情绪、保持理智，正确控制和表达情感是一个永恒的、跨越时空的话题。

做任何事情都要把握好尺度，要有所节制。与他人交流，眼睛要看着对方，但是倘若一直长时间地盯着对方看，则会让人手足无措；微笑是人际交往必备的表情，但是忽略了交流内容主题，微笑反而会画蛇添足；手势会起锦上添花的作用，但是频繁使用则会让人眼花缭乱。

随感

"持而盈之，不如其已；揣而锐之，不可长保。"①水满则

①［魏］王弼注、楼宇烈校释：《老子道德经注》，中华书局2011年版，第23页。

溢，月满则亏。低调做人，谦虚做事。说话做事务必要留有余地，保持分寸；留点余地，才能从容转身。君子之交淡如水，当我们的热情给对方造成了困扰，那么适可而止的距离就是一种睿智。

讲一下跟敏有关的故事吧。

高傲的敏。

冷艳的敏。

家境优渥的敏。

被评为校花的敏。

被众星捧月的敏。

用敏自己的话形容：她的眼眸如秋水，像极了《还珠格格》里的那个有着水汪汪大眼睛的小燕子；她的蛮腰如细柳，可与跳孔雀舞的杨丽萍媲美。

用敏自己的话描述：当年追求她的要么是高干子弟，要么是富商子弟，非高富帅、非城市人请绕行。

用敏自己的话表达：她是父母的掌上明珠，从小就过着公主般的生活；她家里没有一个农村亲戚，她也没去过农村。

按这样"优越"的条件，敏或许应当在合适的年龄嫁给意中人，住在清幽的别墅，家有用人，才符合剧情的发展和她的思维逻辑。

30岁，敏仍然没有遇到她描画中的高高帅帅的白马王子。敏高昂的头颅似乎少了往日的高傲，言谈举止中多了一些内敛，少了一些狂傲。

有热心人为她介绍了男子文，文与她同岁，公务员，个头中等，斯斯文文，本地人，父母为普通工人。令敏遗憾的是，文不高不帅，父母不是高干亦非富商。

勉强符合敏的择偶条件，好吧，那就屈尊下嫁好了。

婚后，敏保持了绝对的家庭主动权与优势地位。新婚第二天，敏坐在沙发上跷着二郎腿边涂指甲油边颐指气使地对文约法三章：家里的菜他来买，家里的饭他来做，家里的地他来拖，家里的衣服他来洗，每月的工资悉数上交，工资卡、手机密码均要设置成她的生日……

文坐在沙发对面颔首听得战战兢兢，但抬眸看到敏如花的美貌，那点可怜的虚荣心驱使着他对敏唯唯诺诺地满口应承。

在文的全面呵护中，敏优哉游哉地过了几年听起来让很多女人艳羡的日子：女儿出生后，每天半夜，都是文起来为孩子喂奶粉换尿片；下班后，文要推着孩子在小区散步；孩子上幼儿园，每次家长会都是文参加；孩子上了一年级，每天早上都是文起来做早餐、送孩子上学；孩子放学后，每天都是文去校门口接孩子，然后辅导作业……

每天回到家，文要忙孩子、要忙家务；而敏，却把文的手机夺过来，把他的手机短信、微信、QQ从头翻到尾，一旦发现自己觉得可疑的信息就把文厉声呵斥过来像审问犯人似的施以"严刑"逼问。

文的日子，如履薄冰，更如同行走在刀刃上，痛苦不堪。

原以为娶了美貌妻可以让自己更有面儿，未曾想到，并未带给自己欢欣和可以炫耀的资本，反而把自己置于万劫不复的绝望深渊。

"爱情很幸福，有时也很苦。"但文好像从未体会到幸福，只感受到了难言的苦。

女儿10岁这年，愚人节这天，敏竟然发现了文的微信中有和他人暧昧的痕迹，怒不可遏的她歇斯底里狂叫着文过来解释。

文只平静地说了一句话："我们分手吧！"

敏瞬间像发了疯，如同狮子般地狂吼，扔了手机、砸了电视、摔了桌子，高傲的敏如何能忍受得了这般"被休"的耻辱？！

文铁了心要离婚，断然决绝不肯回头。

敏的世界轰然坍塌，请了病假躲在家里整整1个月，每天单曲循环《一个人哭》："我一个人哭，反正没有人在乎，把眼泪都流出来，也许心里会舒服……"边听边控制不住放声悲哭。

1个月后，敏出现在办公楼，明显消瘦，满面掩饰不住的忧和伤。

幸福的婚姻里，往往都有一个懂得适可而止的人。

【品格言】

分寸感是成熟的爱的标志，它懂得遵守人与人之间必要的距离，这个距离意味着对于对方作为独立人格的尊重，包括尊重对方独处的权利。

——周国平

美好的东西时常是由于它是真诚的。

——罗兰

因为爱过，所以慈悲；因为懂得，所以宽容。

——张爱玲

第十四节 见贤思齐

经典再现

见贤思齐焉，见不贤而内自省也。

——《论语·里仁篇》

译文：看见贤德之人就要想着向他看齐，见到不贤者，就要反省自己有没有类似的问题。

【读书明礼】

提升道德修养的途径有多种，自省即为其中一种。人有缺点不可怕，可怕的是执迷不悟。

每日"三省吾身"，经常进行自我反省，敢于正视自身的弱点，客观理性地对待自己，进而扬长避短，以达到进一步的完善。向贤德之人靠拢，也是进德修身的途径，如苏轼善于向善自省，后来成为一代贤士。

随感

聊一聊跟玫老师有关的故事吧。

2018年，玫老师55岁退休，她的职称仍然是讲师。

55岁的玫老师，1.7米的身高，姣好的容貌与皎洁的皮肤，平时爱以不同的职业套裙亮相于课堂。岁月从不败美人，岁月，几乎没有给玫老师留下任何沧桑的痕迹。

21岁，玫老师毕业留校。30多年里，跟她同批进校者绝大多数都早已晋升至中层岗位，唯独她，一心扑在教学上，眼里心里只有教学，只有学生，没有职务升迁的向往，没有职称晋升的愿望。在她眼里，名利如浮云，权势似流水。

2018年6月29日，得知玫老师退休的消息，她所在的专业2015届毕业生约50人自发从全国各地赶到郑州，特意为她办了一场"玫好时光 不说再见"的谢师告别宴。

玫老师被众同学簇拥着的美好动人画面，让人羡慕嫉妒到眼红呵，作为一名老师，还有什么能比得上此刻此景的幸福！

玫老师只是一位讲师，一位平凡而普通的老师，可谁又能说她不富有呢？！

向贤德之师玫老师看齐！

【品格言】

经师易遇，人师难遇。

——司马光

教育者的关注和爱护在学生的心灵上会留下不可磨灭的印象。

——苏霍姆林斯基

使学生对教师尊敬的唯一源泉在于教师的德和才。

——爱因斯坦

第十五节 文行忠信

经典再现

子以四教：文、行、忠、信。

——《论语·述而篇》

译文：孔子以四项内容来教育学生：文化知识、行动、忠诚、守信。

【读书明礼】

孔子从文、行、忠、信4个方面来教育学生，他认为文化知识固然重要，但同时也要重视修养品行。"文"和"行"属于外在修养，是"忠"和"信"的基础；"忠"和"信"属于内在修养，是"文"和"行"的升华，这是一个循序渐进的过程。

就像大自然有春、夏、秋、冬四季，教育也应当遵循自然规律。该播种时播种，该发芽时发芽，该开花时开花，静听种子发芽和开花的声音，不要操之过急，急于求成。

随感

先从好友雪遭遇的一件事说起吧。有一次，雪跟我通话吐槽，倾诉了她的愤怒之情。她刚上一年级的女儿因为字体欠佳被老师打了头，这一巴掌打在孩子头上，痛在妈妈心中，严重挫伤了孩子的自尊。回到家后，孩子号啕大哭，抗拒上学。对于一个从未上过幼小衔接的6岁半且初入一年级的孩子而言，在我看来，能写字已经非常值得鼓励与肯定了，老师却按书法体进行要求，未免有些心急了！

教育也有其应该遵循的"道"，操之过急可能会适得其反。每个孩子都是一粒充满希冀的种子，只不过每个人的花期有别，静待花开，终有一天，她自会发芽、吐蕊，灿烂怒放！

教育不是一味地填满，而是适当地放空，作为家长的我们，知错不改地随波逐流，与孩子一起疲命于各种辅导班、兴趣班之间，如何为孩子放空，还孩子一个美丽轻松的童年？引人深思，发人深省。教育不应是试卷上的高分成绩，而应是身心的全面健康发展。由此我想到了邻居的一位女孩。在上幼儿园大班时父母就给她报了线下数学课程培优班，每次考试几乎都是100分，是老师心中的绝对"学霸"和"优等生"，可是孩子的镜片度数却在逐渐加深，有次因语文考了98分没有取得第一名而在班里情绪崩溃，"我就应该是第一"的心态让其缺乏基本的受挫与抗压能力。教育不是一个只求成败的结果，而是一个点亮生命、感受幸福的过程，教育应该在安静中成长，一起静待花开的声音，这是你我共同的期待和向往！

【礼仪故事】

4颗糖的故事

陶行知先生在做校长时，一天，他在校园里看到一个男生正想用砖头砸另一个同学。陶行知及时制止，同时令这个男生去自己的办公室。在他回到办公室时，发现这个男生正在等他，便掏出一颗糖："这是奖励你的，因为你很准时，比我先到了。"接着又掏出第二颗糖："这也是奖励你的，我不让你打人，你立刻就住手，说明你很尊重我。"男生将信将疑地接过糖。陶行知又掏出第三颗糖："据了解，你打同学是因为他欺负女生，说明你有正义感。"这时，那名男生已经泣不成声了："校长，我错了。不管怎么说，我用砖头打人是不对的。"陶校长掏出第四颗糖："你已经认错，我们的谈话也就结束了。"

第十六节　终生修身

经典再现

　　吾十有五而志于学，三十而立，四十而不惑，五十而知天命，六十而耳顺，七十而从心所欲，不逾矩。

——《论语·为政篇》

　　译文：我15岁立志学习，30岁安稳立业，40岁不再迷惘，50岁知道上天安排的命运，60岁听到别人说话能明辨是非，70岁能随心所欲说话做事而又不超越规矩。

【读书明礼】

　　"吾十有五而志于学，三十而立，四十而不惑，五十而知天命，六十而耳顺，七十而从心所欲，不逾矩。"孔子阐述了道德修养的过程在于不断地进取和完善。

　　完善道德修养，非一朝一夕之事，道路漫长且艰难，需要长时间的学习和锻炼，循序渐进，方能修成君子。道德的最高境界要做到知行合一，源自心底地自觉去遵守各种道德规范，而非违背心意勉强去做或者为了作秀给他人看。

随感

　　关于人生的意义，说实话，之前很少做深入的思考，偶尔脑海飘出这个想法，就会被我迅即人为地遏制阻断思绪的继续延展，我很担心无法思索清楚此种颇有些哲学意味的问题，从而使自己陷入剪不断理还乱的旋涡。

这天，在高铁上，我认真地对生之意义进行了自我审视与拷问。

（一）为己而活

感谢父母给予了我生命，让我成为这个世界上独一无二的存在。我贪恋活着的美好，我爱这多姿多彩的世界，我会为春天那一抹盛开的迎春花而欣喜，我会因听了一支走心的音乐而感动……我努力地善待自己、爱自己，争取把平凡的日子过得有诗意，不辜负这场一生只有一次的生命之约。

（二）为亲人而活

青春年少时，总以为余生很长，总以为父母还能陪伴我很久。可是怎么转瞬间，父母就老了！人生就像一个轮回，老了的他们就如同我的孩子，需要我的帮助，需要我的关怀。因之，我比以往更加爱惜自己。因为没有了健康的体魄，我就无法给予年迈的父母、年幼的孩子以更多的保护。生命来来往往，余生并不漫长，感恩我的亲人们，缘分一场，我会努力为他们活着。

（三）为学生而活

曾经的我，是个执着的文学青年，那时固执地认为只有文字工作适合自己。人生处处有转折。研究生毕业后，我到了高校工作，文学专业的我转而开始讲授礼仪课程，竟然在礼仪教学的旅程中发现了别样的天地与惊喜。每次上课，都是与学生心与心对话的过程，他们丰盈了我的生命，让我体会到了职业幸福感，给他们上课是我最期待的事情！我努力把自己的生活过好，因为，学生也是我的牵挂！

（四）为使命而活

作为一名礼仪教师与礼仪培训师，传播文明礼仪是我义不容辞的责任，礼之花不仅要馨香校园，同时还需要让社会上更多的人受益。肩负着这样一份自觉的使命，我不敢懈怠与偷懒，半生已过，耕耘仍在路上！

爱这繁花似锦、有风有雨、有苦有乐的人生，努力把自己活成想要的美好模样！

【品格言】

君子之守，修其身而天下平。

——孟子

日省其身，有则改之，无则加勉。

——朱熹

凡是有良好教养的人有一禁诫：勿发脾气。

——爱默生

第十七节　勿施于人

经典再现

子贡问曰："有一言而可以终身行之者乎？"子曰："其恕乎！己所不欲，勿施于人。"

——《论语·卫灵公篇》

译文：子贡问道："有没有可以终身奉行的一个字呢？"孔子说："那大概就是'恕'字吧！自己不喜欢的事物，不要强行加于别人身上。"

【读书明礼】

孔子把"忠恕之道"看成是处理人际关系的一条准则。无论是否己所欲，都不能强加给别人。给别人的东西，要看他人是否愿意接受，而不能依据我们的标准来勉强他人，如此可以消除误解，润和人际关系。如在宴请礼仪中，主人的热情可通过话语来体现，不建议给对方夹菜，以免夹过去的菜是对方所不喜欢的，让对方吃有所难。

随感

关于家庭幸福这个话题，尤其是恋爱、婚姻的经营，作为过来人，简单聊聊自己的一点心得和感悟吧。

我和我先生系大学同窗，同专业、同一班级。当年我们班亦有好几对儿非她不娶、非他不嫁的花前月下、海誓山盟爱得轰轰烈烈的情侣，非常遗憾的是，毕业前夕，他们的恋爱保质期也刚好到期，于是劳燕分飞，各奔东西。我和我先生相恋8年后携手步入红地毯，一路20余年走来，虽亦偶尔会有毛毛细雨飘洒掠过，但整体都是令人舒畅的明媚晴空。观之，有以下可以与恋爱中的年轻人分享。

（一）包容

恋爱时，互相展示在对方面前的都是尽可能多的优点；而婚姻，因为柴米油盐酱醋茶，因为日常生活的琐碎，会让彼此把所有的"真相"与性格缺点全部毕现。爱她，就要包容她的小脾气，包容她的喜怒无常，包容她的自私任性；爱他，就要容忍他不做家务的懒惰，容忍他把臭袜子随地乱扔的恶习，容忍他饭后没有眼色地不帮忙洗碗而躺在沙发上捧着手机乐呵。

爱情，是两个人的事情；婚姻，是两个家庭的事情。因之，要学会接纳并试着爱他（她）的家人。自我们婚后，公公婆婆就与我们同住一个屋檐下，我的婆婆待我如同己出，因为我不吃辣椒，爱吃辣的老人家多年从没买过辣椒；早上我上班，老人家会在5点多起床为我做我喜欢的早餐，饭太热，怕我赶时间着急，老人家会尽快帮我把饭降温；我看书时，怕我着凉，老人家会过来悄无声息地给我披上一件衣服。

以心换心。多年来，一年四季，公公婆婆所有的衣服都由我给他们添置；他们的生日，我从来都不会忘记；从外地回去，总会记得给他们带件小礼物……

爱他（她），就要学会爱他（她）也许土里土气的父母、也许唠唠叨叨的父母、也许有许多让你看不惯的生活习性的父母。婚姻与家庭因为接纳与包容会更和谐、幸福。

（二）信任

信任是恋爱、婚姻的基石。

前文提到过的敏：她先生的手机密码由她设置，每天回到家必定要把他的微信、QQ从头翻到尾，有女士电话必打破砂锅问到底……由于无法忍受这种"高压"管制，他先生最终选择了离婚，留下她独自一人在懊悔中日渐憔悴，经常暗自垂泪。

幸福的婚姻需要远离猜疑，给予对方充分的信任，并且懂得适可而止，适度的距离也是一种睿智。

故，我和我先生都从不碰对方的手机，哪怕手机铃声就在彼此眼皮底下响起来；他有应酬，我绝不会追问他到底跟谁一起，而是关照他少喝酒，回家之后及时递上一杯水。信任，是维系感情的纽带，是给予对方的充分尊重。长相知，才能不相疑；不相疑，才能长相知，如此，幸福才会永相随。

【品格言】

小信诚则大信立。

——韩非子

诚信为人之本。

——鲁迅

紫罗兰把它的香气留在那踩扁了的它的脚踝上。这就是宽恕。

——马克·吐温

第十八节　　勤学好思

经典再现

子夏曰："日知其所亡，月无忘其所能，可谓好学也已矣。"

——《论语·子张篇》

译文：子夏说："每天都知道以往自己所不知道的，每月都不忘记以前已学会的，可以说是好学了。"

【读书明礼】

"温故而知新"，获取知识从来没有捷径可走，通达成功的路也从来没有捷径可行，它需要我们付出勤奋与努力，一点一滴地去积累。在掌握已有知识的基础上不断学习新知识，才能让我们紧跟时代的步伐，不被高速奔腾的社会洪流所湮灭。当今社会，日新月异，我们更应该时时更新知识，用新知识武装自己，以此来面对社会给出的新考验。与此同时，学会温故而知新，进而用所学知识去解决现实问题。

随感

多年前的自己，是一枚不折不扣的文学青年，对文字有着近乎狂热的喜爱。那个时候，我执拗地认为自己就应是为文学而生的，未来的从业方向一定不能偏离这个航道。大学填报志愿，中文专业是我坚定而唯一的选择；研究生阶段，毫不犹豫地报了中国现当代文学专业；博士阶段，所读专业仍为中国现当代文学。

人生处处有意外

毕业后，我到了一所地方高校任教，开始了礼仪课程的教学之旅，与我心爱的文学课程擦肩而过、失之交臂。有那么一点点遗憾，有那么一丝丝惆怅，又有那么一缕缕感伤。

"干一行爱一行"，我想，这决不能是一句飘浮在云端的口号似的空话，我需要倾情用实际行动来演绎它。短时间内，我就调整好了自己的情绪状态，以真情真心爱心全力投入礼仪课程中。

人生处处有风景

礼仪为我打开了另一扇窗，我惊喜地发现了与之前截然不同的拨动心弦的景致。礼仪不仅仅是一种规则，它还是一首清新怡人的诗、一支悠扬动人的歌、一幅笔墨酣畅的画。礼仪传达的是一种美，一种善，一种发自心田的诚，一种源自内心的尊重。恰到好处的礼仪，不会成为束缚你人生的枷锁，反而会在关键的时刻为你的人生加分。每一次课堂，我醉心于和同学们的礼仪交流；每一次外出培训，我倾心于和各单位员工的礼仪分享。每学期结束当大家给我叙说因结缘于礼仪所带给他们的变化时，每年当我收到往届毕业生的信息表达礼仪在求职及工作中所带给他们的帮助时，深沉而浓烈的欣喜便会浸润着我的心怀。作为一名老师，一名礼仪老师，还能有什么比此时此刻更为幸福的事情呢?

多年来,虽然我不从事文学课程的教学,但我仍然是那个对文学、对文字痴迷的女子,文学让我细腻、柔软,礼仪让我优雅、美丽。文学与礼仪的牵手相遇,成就了今天的我,让我有幸成为学校第二届教学名师,让我有幸成为高级礼仪培训师,让我有幸成为市级优秀青年教师,让我有幸成为市级师德先进个人,让我有幸成为省级模范教师!

所有的安排,都是刚刚好,不抱怨、不懈怠,我们所能做的,就是以饱满的姿态迎接,并尽最大可能把它做到极致与完美!

【品格言】

业精于勤,荒于嬉;行成于思,毁于随。

——韩愈

哪里有天才,我是把别人喝咖啡的功夫,都用在工作上的。

——鲁迅

聪明出于勤奋,天才在于积累。

——华罗庚

第十九节　择仁而居

经典再现

里仁为美，择不处仁，焉得知。

——《论语·里仁篇》

译文：居住在有仁风的地方，能让人过上品德高尚的美好生活。当我们选择住处时，若不选择居住在有仁风的地方，就不是聪明的选择。

【读书明礼】

"近朱者赤，近墨者黑。"外部环境会影响一个人的成长，和什么样的人在一起，会决定你未来的人生走向。若想翱翔于苍穹，就要与群鹰结伴。和优秀的人同行，才能走得更远。环境决定命运，圈子决定人生，良好的环境可以培育出积极健康的一代。

随感

周四，深秋的北京，偶有冷雨掠过面颊。

北大图书馆内是另一种温暖，静谧而安好。此时此刻，身在北大访学的我，开始思索并提笔构写文老师布置的课后小作业。

就"以家为校"为题，想抒发一下情感。

父母是孩子的第一任老师，也是孩子的终身之师。父母的言传身教无形中给予孩子潜移默化的影响，且是持久的、深刻的、固化的影响，其影响力某种程度上远远超越了老师。

我的父亲，是一位对工作尽职尽责、有着52年党龄的老党员。他经常说，作为党员就要起模范带头作用，对工作要多奉献多付出，而不是索取讲条件、谈报酬。父亲与别人约好的时间，一定会提前半个小时赶到；父亲承诺别人的事，一定会克服困难兑现；父亲非常自律克制，一辈子不抽烟、不喝酒、不打牌；作为一局之长，要求员工做到的，他必定会率先做到；未退休时，每天7点半，他一准儿会出现在办公室；父亲清正廉洁，当年我大学毕业时宁愿把我扔到社会上摸爬滚打屡次碰壁也决不动用自己的人脉帮我安排工作……

多年来，父亲在用实际行动行着无言之教。感谢父亲，让我拥有了非常强的时间观念，让我成为一个高度自律的女性，让我在面对工作时能真正做到倾情热爱全心投入，让我有了一颗对待工作不抱怨、不推诿、不懈怠、尽己责、勇担当的平和之心！

家庭之教，代代相传。受我的影响，12岁的女儿，自上幼儿园起每天早上喊一次就会立刻翻身起床，从来不会哭闹着赖床不起；一年级时，她拿着教室钥匙，每天早上定会要求我提前10分钟把她送到学校门口；每次约小伙伴外出游玩，她都会催着我早点出门，说怕人家等……

也许，这就是"以家为校"的体现吧。这种教育，是"传道、授业、解惑"的师者难以参与完成的。父母与孩子，当一起成长。

【礼仪故事】

纪晓岚家训

纪晓岚,清代著名才子和清官,他身后未给子孙留下白银田产,却留下了一份极其宝贵的精神财富——"四戒""四宜"纪氏家训。"四戒"是:一戒晏起,二戒懒惰,三戒奢华,四戒骄傲;"四宜"是:一宜勤读,二宜敬师,三宜爱众,四宜慎食。虽仅16字,却值得为人父母者细细领会。

第二十节 好学乐学

经典再现

学而时习之，不亦说乎？有朋自远方来，不亦乐乎？人不知而不愠，不亦君子乎？

——《论语·学而篇》

译文： 学到的东西按时去温习和练习，不也是很高兴的事情吗？有朋友从很远的地方来，不也很快乐吗？别人不了解自己，自己也不生气，不也是一位有修养的君子吗？

【读书明礼】

学习是快乐的。学习，能让我们收获知识，开启智慧，拓宽视野，增进美德，心灵得以滋养。学习的知识，要不断温习，并通过实践加以检验。

不被他人理解是生活中常有的事情。得不到理解，说明自己还有需要提升和改进的地方，不因他人的不理解而发怒生气。

随感

2019年，我在北大访学。每周五是我固定从京返郑的日子，因为家里还有8岁的女儿等着我。这一年，注定我要缺席与错过孩子的部分成长，因此，每周末，我都要风雨无阻地赶回去，只为尽可能地给孩子多一些陪伴。

11月，又一个周五如期而至，而我却留在了北京。周五、周六、周日，"全国核心能力礼仪指导师培训班"3天的课程，虽然我已听了多期，本期的主讲老师之前早已听闻，却从未有机会得以面对面地聆听学习。面对回去陪孩子还是留下来听课，我选择了后者。

第一天，是"解开身体语汇的密码——优雅仪态礼仪"主题课程。老师采用了独到的音乐教学法、舞蹈教学法、古礼教学法，这些教学方法我并不陌生，且之前也在课堂中使用，然"三人行，必有我师"，我仍从老师这儿汲取到了新鲜的养分。课堂，一如流泻春日阳光的青葱草坪，又如怒放于夏日明媚灿烂的向日葵，美好得让人留恋与沉醉。

第二天，是"以成果为导向的礼仪教学方法"主题课程。

第三天，是"以成果为导向的礼仪教学模型"主题课程。

因有我心爱的礼仪课，不能回家的遗憾被冲淡。于我而言，这就是幸福知识的学习与加强。从事礼仪教学18年，多多少少积累了一定的教学经验，但是，我仍不愿意放弃每次可能学习的机会，尽管大多数情况下是纯自费，尽管学费不菲，可我仍然傻傻地开心着、快乐着、幸福着！

【品格言】

血气沸腾之际，理智不太清醒，言行容易逾分，于人于己都不宜。

——梁实秋

以愤怒开始，以羞愧告终。

——富兰克林

在人含怒时千万要注意两点：第一不可恶语伤人，第二不可因怒而轻泄隐秘。

——培根

第二十一节　雪中送炭

经典再现

赤之适齐也，乘肥马，衣轻裘。吾闻之也，君子周急不继富。

——《论语·雍也篇》

译文： 公西赤到齐国去，骑肥马，穿着又轻又暖的皮袍。我听人说：君子应该救济有紧急需要的穷人，而不应该周济富人。

【读书明礼】

"君子周急不继富"，可是在现实社会中，锦上添花好像是更普遍的现象。尤其是在职场上，当你事业有成、春风得意时，周围不乏趋之若鹜、巴结奉承之人；当你落魄潦倒、穷愁失意时，人人敬而远之。你是否只想要有雪中送炭的朋友，却不想做去雪中送炭的自己？

雪中送炭者往往是百中有一，怀仁爱善良之心，这样的人更有同理心，愿意在别人有困难时及时伸出援助之手，将爱的阳光施及更多的人。"雪中送炭"比"锦上添花"更暖人。

随感

晓，我读研时的同门师姐。和晓的认识颇具戏剧性。

多年前的某个冬日晚上，我去上考研辅导班。课程结束后，一个清秀的女孩子拦住了我："你在哪儿住？我的单位离这儿比较远，下了公交后还要走很长一段黑漆漆的路，我有点害怕，你看，晚上我能不能跟你回家住？"听毕，当时我心里微微一惊，世上还有这样的女子，如此地信任一个之前从来没有说过一句话的陌生人。但我仍迅即地答应了她的请求，因为她赋予了我信任，我也应还以真诚与信任。后来，我们成了无话不谈的好朋友。我问她当初为何敢向一个素不相识的人提出借宿的要求，难道不怕遇到坏人么？她一脸单纯地回答："怎么会遇到坏人呢，我认为这个世界上还是好人多，况且你满脸都写着善良呢。"

2016年春节，与晓一起在三亚。每到夜幕四合，这个中国最南端的海滨城市的椰梦长廊大道旁总有一些艺人在倾情献唱。我们在此停留了10天，每晚她都必定带着孩子到海边散步，必定要在这些艺人面前的器物内放入数目不等的人民币。白天，遇到任何一个行乞者，她也一定会毫不迟疑地从钱包里抽取一二赠予。而她自己，甚至一年都不舍得添一件新衣。那天，我问她："你难道不怕遭遇一些伪装的行乞者吗？"她说："万一有一个是真的呢？"这个信佛的女子，以她的大爱之心看待这个世界，单纯而至净。

严明在《我爱这哭不出的浪漫》一文结尾处有这样的文字："我怜惜那些活着不易的人们、那些存在不易的物们，陪伴着这个时代的所有不堪与失态……与它相遇，不是缘分，是我们的命。我决定认命。因为，我爱这哭不出来的浪漫。"

修得一颗柔软心，清明而澄澈。

修得一颗柔软心，如莲花的花瓣，舒展而温软。

修得一颗柔软心，善良而包容。

在这个纷繁复杂的尘世，潜隐着尔虞我诈、钩心斗角，而我仍然坚定地相信，善良是做人的基本底色！善良的人会活成一束光，燃亮他人，温暖自己；善良的人，内心自会流泻出更多的欢欣与知足，如这寒冷冬日，阳光在树叶间跳跃，幸福在内心舞动！

【品格言】

善良，是一种世界通用的语言，它可以使盲人感到，聋子闻到。

——马克·吐温

善良的行为使人的灵魂变得高尚。

——卢梭

善良的心地，就是黄金。

——莎士比亚

第二十二节　敏而好学

经典再现

我非生而知之者，好古，敏以求之者也。

——《论语·述而篇》

译文：我并不是生下来就有知识的人，而是喜好古代文化，勤奋敏捷去求取知识的人。

【读书明礼】

"生而知之"的境界只有极少数的人能达到，因之我等要不断学习，完善自身。"生而知之"不可求，"生而不知"也不必自怨自艾。虽有天赋，但也不能放松学习；而拥有资质却抱定了躺平的心态，也终将一事无成。

人生乐有许多种，不断学习、不断追求进步充实自己也是乐之一种。通过汲取精神食粮，填补吾之空缺，让心灵不断充盈而丰满吧。

随感

在从前车马慢、时光慢的日子里，曾与友人鸿雁传书写过无数封书信；在今天车马快、一切快的日子中，也曾向一些友人发过无数封电子邮件。可是细细数来，这跨越了年轮的信件中，竟然没有一封是写给自己的。那么，亲爱的自己，亲爱的我，今天，就静静聆听内心的声音吧。

于北大访学时，文老师曾于课堂留下小作业拷问自我的灵魂。第一问是何谓真正的利己？也许，不同的人有不同的解读吧。在我看来，利己就是善待自己。生命来来往往，来日并不方长。善待自己，对自己好一点，以适当的运动和合理的饮食让身体状态处于活力模式，如此才能更好地有能力去爱亲朋，才能更好地投入到工作中。善待自己，对自己好一点，请放下手机，远离手机，每天设定一段或两段不被手机打扰的时间，静心读书，静心写作，静心冥想，在这样难得的清静中，让身心得以彻底地放松与休息。

在我看来，自尊自爱、自信自强是对自己的一种完全接纳，是对自我的不否定。无论先天自然条件如何，都要学会爱自己，因为自己是世间最独特的那一个。

犹记得，幼年时，自己就是一个安静的孩子，不喜欢说话，更不喜欢当众表达观点。很多年来，一直固执地认为，自己是属于文学的，只有文字方能更贴切、更准确、更到位地抒发自己的所思所想。过往的职业梦想中，在绿树掩映、挂着编辑部牌子的红房青瓦下，在散发着墨香的木桌旁，有一位名曰"燕子"的女编辑伏案阅读文艺稿件，这是我小小的心尖曾勾勒了无数次的画面。

然而，人生处处有意外。命运让我从事了一项必须开口讲话的职业。既然命中注定，那么，我只有心安地接受，并学会改变、挑战自己。

大学教学生涯中的第一次课，竟然是给4个班近200名学生上课。下课后，一位男同学专门走到讲台前跟我说："老师，您讲课好好听哦！"那一刻，我才惊喜地发现，原来自己组织语言的能力并不逊色于文字，是那种固有的定式思维限制了自己多年。经过艰难的蜕变，昔日那个腼腆害羞的女子已破茧而出，翩翩起舞。从那一节课起，我深深地爱上了课堂，爱上了教师这个职业，我是如此享受每次和同学们在课堂上的相见，每周上课成了我最为渴盼的事。

只要努力，一切皆有可能，没有比脚更长的路，没有比人更高的山；只要努力，我们都会成长为自尊自爱、自信自强的人！

【品格言】

立身以立学为先，立学以读书为本。

——欧阳修

要知天下事，须读古人书。

——冯梦龙

学习要有三心，一信心，二决心，三恒心。

——陈景润

第二十三节　恻隐之心

经典再现

颜渊死，子哭之恸。从者曰："子恸矣！"曰："有恸乎？非夫人之为恸而谁为！"

——《论语·先进篇》

译文：颜渊死了，孔子哭得极其悲痛。跟随孔子的人说："您悲痛得太过了！"孔子说："我有悲痛太过吗？不为这样的人悲痛还为谁悲痛呢？"

【读书明礼】

"恻隐之心，仁之端也。"人要有基本的同情心。恻隐之心是最基础的道德，它能让我们有更多的同理心，更能设身处地地去理解和感知他人，在彼此的心间架设起一座友谊的桥梁。

表达真性情，不过分压抑自己的悲伤情感，该抒发时就抒发，适当地表达感情，能让自己的苦痛得以排解。

随感

有一天，在北大的课堂上，当文老师在PPT上亮出"假如只有三天生命"主题讨论时，那一刻，我很有想和大家交流的冲动。然而，我还是努力克制着忍下了冲到唇边的话，因为，我担心自己无法控制好悲伤情绪而破坏课堂氛围。

年岁渐长，近距离感受死亡的时刻越来越密集。那些至爱的亲人们，他们怀着对这个充满烟火气息的人间的无比眷恋与不舍，一个个地永远告别了这个多姿多彩的世界。

每一次的诀别，都让我肝肠寸断，痛彻心扉。

每一次的诀别，都让我心痛到碎，泪流成河。

这些年来，我已经足够坚强，已经可以坦然地面对生死。可是，当真的面对"假如只有三天生命"这样的假设时，我蓦然发现，我是多么地害怕、多么地恐慌、多么地脆弱、多么地无助呵！父母年迈、孩子年幼，让我如何运用浪漫主义的手法描画这仅有的3天呢？！他们是我生命中最重要的人，他们比任何其他人都更需要我，仅有的3天，我会分分秒秒守着他们，因为，此生，将再无机会相伴了；因为，来生，将再无机会相遇了！虽然死亡是不可逃避的结局，是每个人最后的归宿，可我仍想极力回避，不愿更多地触碰它，我是如此贪恋生命，贪恋活着的美好，贪恋与亲人相亲相爱的时光。

余生，并不漫长，我发自内心地珍惜当下的每分每秒，珍惜每一个和亲朋相处的时刻。每一天，我都是把它当作生命的最后一天来度过的，生命如此无常，还有什么名利不能放下，还有什么恩怨不能释怀呢？！

【品格言】

无恻隐之心，非人也；无羞恶之心，非人也；无辞让之心，非人也。

——孟轲

同情是善良心地所启发的一种感情的反映。

——孟德斯鸠

同情是一切道德中最高的美德。

——培根

第二章　明德至善
——《大学》中的礼仪

第一节　与时俱新

经典再现

苟日新，日日新，又日新。

——《大学》第三章

译文： 如果能够每天都新，就应该保持天天新，新了还要更新。

【读书明礼】

当今世界，日新月异，一切都在以迅雷不及掩耳之势发生着变化，步伐滞后就容易被淘汰。事物在更新，思维要更新，知识要更新，礼仪也需要更新。不可否认的是，传统文化是礼仪之根基，给予了礼仪一定的滋养。随着社会的快速发展，礼仪要保持与时俱进、与时俱新的状态，如此才能为其注入新鲜的生命和活力。

成人礼是我国古代一项重要的礼仪，男子在20岁左右行冠礼，女子在15岁左右行笄礼。古人非常重视成人礼，注重发挥其在人们世界观、人生观、价值观形成中的教化功能。近年来，国内许多地方也将成人礼作为青少年教育的重要内容。在传承成人礼时，我们可以借鉴古礼中的合理成分，使之实现创造性转化、创新性发展，在借鉴和创新中加强青少年礼仪教育。

🌀 随感

某日，专心修订专业人才培养方案时，我脑海中蓦然跳出了"苟日新，日日新，又日新"这句至理名句，从而想到了专业该如何进行创新。文秘专业是我所任教的学校第一个被教育部确定的教育教学改革试点专业，也是省高校中第一个成立的同类专业，从20世纪80年代之初到现在，它已越过不惑之年。文秘专业曾辉煌一时，并为地方经济发展输送了大量人才。而今，学校以工科为主，文秘专业若想在这种背景下的应用型本科院校中立足，必须不断进行创新，方能寻求长足的发展。

作为文秘专业负责人，我一直在绞尽脑汁地思考专业的创新问题。近些年，我摸着石头过河做了一些探索与尝试。一是"正装日"的兴起。新生入校即为其定制正装，女同学为套裙，男同学为正装西装，要求一周内有两天着正装上课。该举旨在帮助学生塑造良好的职业形象，培养其职业意识，使他们以服装的"仪式感"尽早进入职业角色状态。二是成立了礼仪队。礼仪队自成立以来，承接了校内外不同规格的百余场次会议礼仪服务，为同学们提供了绝对真实场景的演练平台，同时提高了文秘专业的影响力、美誉度。三是成立了金彩丽秘书事务所。2019年春季，与金彩丽形象设计有限公司进行校企联合，创办了金彩丽秘书事务所，以公司化形式运营，由同学们担任所长等职务，切实让同学们将所学理论知识与实践相融合，无形中也锻炼了他们的领导能力、管理能力、动手能力、协调能力与沟通能力。

前两年，我所在学院由文化与传播学院更名为传媒学院。文秘专业作为传统专业，在传媒类专业的包围中、在新媒体背景下，如何以特色立于不败之地呢？于是创新便再次被提上了日程。

创新是万物之源。个人不创新，将为行业所淘汰；行业不创新，将为社会所淘汰；社会不创新，将为历史所淘汰。

【品格言】

穷则变，变则通，通则久。

——《周易》

不慕古，不留今，与时变，与俗化。

——《管子》

对于一个艺术家来说，如果能够打破常规，完全自由进行创作，其成绩往往会是惊人的。

——卓别林

第二节 仁敬孝信

经典再现

为人君，止于仁；为人臣，止于敬；为人子，止于孝；为人父，止于慈；与国人交，止于信。

——《大学》第四章

译文：身为国君，要有仁爱之心；身为臣子，要有恭敬之心；身为子女，要有孝顺之心；身为人父，要有慈爱之心；与他人交往，要有诚信之心。

【读书明礼】

在这句话中，蕴含着三重礼仪：首先，作为领导、长辈，要关爱下属与晚辈；其次，面对领导、长辈，同样也要心怀尊重与敬爱；最后，与他人交往，要有基本的诚信。对于学生而言，准时上课是一种守信；对于职场人士而言，准时上班是一种诚信；与别人约定好的事情，要克服困难去完成，这也是一种诚信。

随感

2022年初春时节，在"礼仪课堂每周给你一句话的力量"板块中，我与亲爱的同学们一起共读了《大学》中的这句经典，并就"孝"与"信"展开了课堂小讨论。

何为孝？有同学说，不和父母顶嘴是一种孝；有同学说，回家帮父母洗碗是一种孝；还有同学说，常给父母打电话也是一种孝……是啊，孝体现于多个方面，在外的游子抽空回家陪陪父母是一种孝，趁着父母还健在带他们遍赏美景是一种孝，记得父母的生日并在这天用不同的形式庆祝亦为一种孝……

古人云：鸦有反哺情，羊有跪乳恩。

尊亲重孝，永不过时！

关于信，我与同学们分享了自己的看法与观点：与人交往，守时守信是做人的基本修养，是对别人的尊重，也是一种美德！我知道每次迟到都会有理由，但我更清楚每次准时到达都会有办法！所以，在我的礼仪课堂，每学期的第一次课，我都会提醒大家，上课即是一种约定，所以必须想办法克服困难按时到课，倘若无法到课，请学会给任课老师打招呼。

与人交，要言而有信。人若无信，不知其可。信用乃立身之本，守住信用，就守住了人品。

将传统文化引入课堂，我努力以点滴微薄之力感召、影响我亲爱的学生们！

【礼仪故事】

一诺千金

秦末，有个叫季布的人，一向说话算数，信誉非常好，许多人都同他建立了深厚的友谊。当时民间还流传着这样的一句话："得黄金百斤，不如得季布一诺。"后来，季布得罪了汉高祖刘邦，被悬赏捉拿。他的旧日老友不仅不被重金所惑，反而冒着灭九族的风险来保护他，使他免遭祸殃。

一个人诚实守信，自然能收获更多的友谊。

第三节　慎独自律

经典再现

所谓诚其意者，毋自欺也。如恶恶臭，如好好色，此之谓自谦。故君子必慎其独也。

——《大学》第七章

译文：所谓使自己的意念真诚，就是不要自我欺骗。要如同厌恶难闻的气味一样厌恶邪恶，要如同喜爱美丽的女子一样喜爱善良，这叫作真诚不虚，心安理得。所以，道德高尚的人哪怕在一人独处时也一定会严格要求自己！

【读书明礼】

慎独，指在没有外界监督、约束的情况下，仍能自觉遵守各种道德准则，谨慎从事，做到内心的自我观照、自我反省、自我修炼。《辞源》释义：在独处时能谨慎不苟。《中庸》亦曾有言："是故君子戒慎乎其所睹，恐惧乎其所不闻。莫见乎隐，莫显乎微，故君子慎其独也。"这句话提醒我们，即使一人独处，也要严格要求自己；即使没有监控，我们也能坚持不乱扔垃圾、不随口吐痰、不乱闯红灯。

◎ 随感

在我的礼仪课堂上，第一讲开篇即有关于礼仪原则这一重要知识点，其原则之一为"自律"，与"慎独"不谋而合。

当时，就这一话题，我采用了小组讨论、自由发言、音乐聆听、自我反思等教学方法，大家分别就自身和身边自律缺乏的现象发表了看法。

"不自律"现象之一：课堂上的"低头族"。随着时代的推进，手机带给了我们史无前例的便捷，与此同时，也对课堂与人际交往构成了极大威胁。

"不自律"现象之二：随手乱扔垃圾、废弃物。是否还记得这样的场景？精彩的影片结束之际，影院里到处都是饮料瓶、爆米花袋子；马路上，一辆汽车车窗摇开，抛物线式地扔出一个空瓶子；分明有天桥，却非要走"捷径"翻越隔离栏；嗓子突感不舒服，毫不犹豫地向地面吐了一口痰……

"不自律"现象之三："中国式"过马路。等交通信号灯时，管它黄灯还是红灯，只要凑够一撮人，就大胆地冲过去。

"不自律"现象之四：机动车斑马线前不礼让行人。遇到斑马线，驾驶员要减速，请路人先通行，然而很多车辆仍然熟视无睹，呼啸而过。

"不自律"现象之五：没有排队意识。等公交、地铁时，不按顺序排队，一窝蜂似的涌向车门。

"不自律"现象之六：电梯里抽烟、不戴耳机观看手机视频。狭小的电梯空间里,空间原本就很逼仄,有人制造出呛人的烟味与高分贝的视频声音,丝毫不顾及他人的感受。

…………

在同学们的热烈发言中,我带着他们总结梳理出了"十大不自律"现象。每说及一种"不自律"现象时,同学们都会有共鸣地点头或会心一笑。

随后,伴随着钢琴曲《绵雪》,我和同学们闭目静思,反观自身——尽力做到慎独自律,修己安人!

【品格言】

在独处无人注意时,自己的行为也要谨慎不苟。

——《辞海》

慎独则心安,主敬则身强,求仁则人悦,习劳则神钦。

——曾国藩

一个人在独立工作,无人监督,有做各种坏事的可能的时候,不做坏事,这就叫慎独。

——刘少奇

第四节 定静安得

经典再现

知止而后有定，定而后能静，静而后能安，安而后能虑，虑而后能得。

——《大学》第一章

译文：明晓要通达的最高境界方能志向坚定，志向坚定方能内心宁静，内心宁静方能心神安定，心神安定方能考虑周全，考虑周全才能有所收获。

【读书明礼】

无论做任何事情，都要有坚定的志向，同时要能守得住内心的宁静，静则不乱，静则神闲。很多时候，礼仪也需要"静"的助力，礼仪的最高境界永远是来自内心深厚的修养。

随感

陪孩子钢琴考级间隙，在家长休息室闹中取静再读《大学》，手机响了，接起，是彭垚妹妹。

彭垚是我的学生。

缘，妙不可言。彭垚自彩云之南来，18年前与我初遇在中原，从此我俩就结下了不解的浓厚姐妹情缘。学旅游英语专业的她，却在文学园地大放异彩，各等文学荣誉加身——"冰心文学事业特别贡献奖"获得者、全国青少年冰心文学大赛评委、《中国文艺家：少年文艺家》特邀编委、红高粱艺术培训学校校长。受出版社之邀约，不仅出版了《腾讯帝国真相》，主编了多套中小学生教辅类丛书，还辅导学生出版了《嘿！异空间那小子》《年兽大作战》等儿童文学著作，指导学生在各类国家级刊物上发表的文章多达上百篇。与此同时，她还喜欢音乐歌词创作，著有个人单曲《成功的花儿》《红高粱》《春天的你》《我在阳光下幸福长大》《美丽家乡》……一首首旋律优美的歌词在她的笔下流淌诞生并被云南省文化馆收录。

就是这样一个温婉柔弱的女子，母亲早逝，父亲已迈入古稀之年，她需要一人照顾孩子的日常起居与教育任务，还要兼顾培训学校的日常打理与运营，在这种境况之下，她仍然每一样都没有落下。当我问及她是如何平衡事业、孩子、写作三者之间的关系时，她淡然一笑曰："姐，有些困难，克服一下就过去了，我无法放弃对文学的爱好！所以，当乘地铁、公交时，我总是抱着手机或平板进行写作，晚上等孩子入睡后，我再拧开台灯继续写。"

所谓上天的眷顾，从来没有偶然，上天从来不会辜负每一个努力向上的灵魂，总有一天，你所努力和坚持的，会义无反顾地灿烂地拥抱你。"心诚求之，虽不中，不远矣"[1]，这句话用在彭垚身

---

[1] ［宋］朱熹撰、金良年今译：《四书章句集注》（上），上海古籍出版社2006年版，第12页。

上是如此确切。在文学的道路上，她一直在坚守着自己的初心。

反观我自身，曾经标准的文学青年，大学与研究生选报志愿时，非文学不读，那时节，对文学之爱，有点浓情蜜意坚贞不渝的味道。人生总有太多意料之外，我研究生毕业之后转而开始从事礼仪教学，学文学的我却一天文学课都没有讲过，是我先背叛了文学。最初的文学梦想渐行渐远，书架上礼仪方面的书籍越积越多，文学书籍却渐渐蒙上灰尘。这些年来，自己也只出版了一本散文集，在报刊上发表了一些零碎的随笔而已。

与彭壵妹妹相比，我汗颜无比。"知止而后有定，定而后能静，静而后能安，安而后能虑，虑而后能得。"源于志向不够坚定，缘于停滞了追寻的步伐，因而，我才偏离文学，愈行愈远！

再读《大学》，再次涤荡撞击我之灵魂深处，让我得以重新审视、反思自我！

【品格言】

水静则明烛须眉，平中准，大匠取法焉。水静犹明，而况精神。圣人之心静乎，天地之鉴也，万物之镜。

——庄子

重为轻根，静为躁君，是以圣人终日行，不离其辎重。

——老子

君子之行，静以修身，俭以养德，非淡泊无以明志，非宁静无以致远。

——诸葛亮

第五节　修身正心

经典再现

所谓修身在正其心者，身有所忿懥，则不得其正；有所恐惧，则不得其正；有所好乐，则不得其正；有所忧患，则不得其正。

——《大学》第八章

译文：所谓修养身心，首先要端正心思，如若心中有愤怒，就无法端正；心中有恐惧，就无法端正；心中贪图享乐，就无法端正；心中有所忧虑，就无法端正。

【读书明礼】

礼仪，某种程度上也即修心。心中有爱，心中有敬，才能对他人更怀尊重；内心有礼，方能彬彬有礼。如若心中无礼，即使名牌在身，传达出来的也只能是庸俗。有了内心的尊重，我们方能明晓每种仪式之礼蕴藏的深意。

随感

一个落雨日，回到家，情绪低落。

这一天，是繁忙的一天。

上午8点到10点，陪孩子上语言课；11点到12点，陪孩子上钢琴课；下午2点到5点，参加郑州国际网球公开赛赛前志愿者礼仪培训准备会；下午6点，赶往数学辅导班去接孩子；晚8点，接到学院发来的通知，告知8月10日前需将最新专业人才培养方案按照最新要求修订完毕并提交至教务处。

在市内开车累计百余公里。开车时，见缝插针地打开喜马拉雅听《大学》；等孩子的间隙，抱着书阅读或打开电脑做培训PPT。

因为奔波，因为各种堆积于心急需完成的工作，因为同时还要把大部分的精力分配给孩子，身与心，均处于疲惫状态。打开卧室门，趴在床上，竟然委屈得想哭。

那一刻，深深觉出了"修身"与"修心"的艰辛与不易。再温"所谓修身在正其心者，身有所忿懥，则不得其正；有所恐惧，则不得其正；有所好乐，则不得其正；有所忧患，则不得其正"这句话，于吾心则有戚戚焉。

《终身成长》中提及人有两种思维模式——固定式思维模式与成长型思维模式。在对待同一件事情时，两种思维模式的人看到的是两种截然不同的结果。就如同下雨天，有人会抱怨雨的泥泞弄脏了鞋面，有的人感受到的却是雨后的清新与泥土的芬芳。更多时候，也许自己惯性地陷入固定式思维模式，从而无形中会变成情绪的奴隶；倘若运用成长型思维模式，就会转化为情绪的主人，更利于自己心性的培养吧。

改变固然很艰难，但却一定是值得的，在这个过程中，心灵必然会逐渐得到洗礼、净化。

当我再次在心中默念文东茅老师提倡的"善行善念、幸福时光、感恩世界""不说谎、不抱怨、不懈怠"时，瞬间心中有一束光照进，顿觉敞亮许多。

【品格言】

闲看庭前花开花落，漫随天外云卷云舒。

——洪应明

真正的快乐，是对生活乐观，对工作愉快，对事业兴奋。

——爱因斯坦

面对太阳，阴影将落在你的背后。

——惠特曼

第六节 坚持努力

经典再现

其所厚者薄，而其所薄者厚，未之有也。

——《大学》第一章

译文： 如果不分轻重缓急、本末倒置，该重视的大事不重视，不该重视的小事反而重视，却想要达到目的，这是从未有过的事。

【读书明礼】

做事情，要分清主次。在该用力的地方用力，才更有可能通达成功的彼岸。礼仪，看起来均是细枝末节的规范，如果从内心里轻视、行动上忽视，便不可能体味到礼的精髓，所表现在外的仪态行为便就仅仅流于形式。不是所有的种子都会发芽，但是不播下种子就永远不会发芽。

随感

凌晨4点，突然从梦中醒来，竟再了无睡意。于是，打开台灯，斜倚床头开始了新的一天《大学》阅读之旅。

合上书卷之时，有雨打窗棂的滴答声，推窗望去，果然落雨了，难得的夏日喜雨，连续多日的高温终于暂时隐退。

　　暑假每天早上6点，我都会准时来到学校开满睡莲的人工湖旁，迎着晨曦边散步边打开APP学习英语。有垂柳依依，有湖水澄碧，有葡萄藤架的廊道，有可供休憩的凉亭，有造型独特的假山……这个假日，我迷恋上了早晨一人漫步湖边的惬意时光。

　　雨声由强渐弱，透过窗，似乎已看不到了雨丝。于是，准备下楼开始每天的晨之旅行。移步至楼道口，蓦然发现雨滴仍然很密集。是上楼拿伞雨中漫步，还是回家休息呢？为此，我徘徊纠结了几分钟。正在此时，楼前的路上飘来了两朵伞花，定睛一看，是那位已经95岁高龄的老奶奶和她近50岁的女儿。

　　这段时间，每天早晨我定能在湖边遇到她们，有时候会停下来短短地话几句家常。老奶奶背不驼，眼不花，耳不聋，说起话来中气十足，根本没有近百岁老人的老态龙钟。我请教老奶奶有无保养秘籍，老奶奶笑呵呵地说："没啥诀窍啊，我这一辈子就是喜欢早上起来走走路，这一走就走上瘾了，几十年都戒不掉啦！"

　　可是我断然没有料到，在这个并不适合出行尤其是不适合高龄老人出行的清晨，这位老奶奶居然还坚持打伞散步。

　　那一刻，我果断地快速跑回二楼的家中拿了一把伞，走向了夏雨淅沥的湖边。

　　在湖畔，我的脑海里一直萦绕着《大学》里的"其所厚者薄，而其所薄者厚，未之有也"这句话。

　　从老奶奶身上，我看到了坚持的力量，看到了坚持的光芒！努力了，或多或少都会看到成效；不努力，则一定看不到成效。

所有的努力，都不会白费。在每一次努力与探索中，我们会活得更好，活成自己想要的模样！

【品格言】

博观而约取，厚积而薄发。

——苏轼

立志不坚，终不济事。

——朱熹

立志用功如种树然，方其根芽，犹未有干；及其有干，尚未有枝；枝而后叶，叶而后花。

——王守仁

第三章　不疾不徐

——《中庸》中的礼仪

第一节　适度得体

经典再现

君子中庸，小人反中庸，君子之中庸也，君子而时中；小人之中庸也，小人而无忌惮也。

——《中庸》第二章

译文： 君子坚守中庸，小人违背中庸。君子之所以能够达到中庸的标准，是因为君子随时能做到适中，恰到好处；小人之所以违背中庸，是因为小人肆无忌惮，专走极端。

【读书明礼】

"中庸者，不偏不倚、无过不及而平常之理"①，中庸的人，不偏袒任何一边，不会超过或少于本来的度，与人交往能够进退自如。

---

① ［宋］朱熹撰、金良年今译：《四书章句集注》（上），上海古籍出版社2006年版，第25页。

中庸，是对一切事物都不偏不倚，并能加以包容、合理地运用。礼仪中有很多方面都体现了中庸之意，如妆容之礼、仪态之礼、表情之礼、服饰之礼、称呼之礼、拜访之礼、馈赠之礼、言谈之礼等等，能在这些方面以中庸之态对待，是一种人生智慧，并可以为自己赢得良好的人际关系。

🎐 随感

难得的清凉夏日，走进省博物院，在华夏厅感受华夏古乐。在古乐器悠远的旋律中，沧桑厚重的历史缓缓向我走来。在这样的氛围中，感悟《中庸》，似乎别有一番韵味。

"中庸"，朱熹将其注释为"中者，不偏不倚，无过之不及之名"。中庸，即凡事不走极端，不走偏锋，要随时做到适中、恰到好处。礼仪中的适度原则与此有相通之义。适度，指在施礼时既要到位，又要拿捏好分寸。不到位与过了头都会是失礼行为。在礼仪课程的不同篇章内容中，关于适度的例子，俯拾皆是。

（一）妆容之礼需有度

礼仪也在与时俱进、与时俱新。当今社会，不提倡素面朝天上岗，适当的妆容可以提升自信，美化形象，展示对交往对象的尊重。但是要谨记：场合不同，妆容有别。工作妆面宜清新淡雅，倘若以浓重的烟熏妆亮相，反而失敬于人。

（二）仪态之礼需有度

仪态是一种无声的语言，它像一扇窗，透过它，我们能够看出一个人的修养与对待外界的情感态度。当我们看到冉冉升起的国旗之时，需用正位标准站姿与注目礼传达对国家、国旗的热爱。此时，我们无法忍受漫不经心地双臂抱于胸前的不端正站姿。礼宾人员需采用迎宾站姿传达对来宾的欢迎，而不能随意借助外力依靠，正如《弟子规》所言："勿践阈，勿跛倚。"

（三）表情之礼需有度

表情礼仪是社交场合相互沟通的形式之一。

以目光为例，与人交往，"目中有人"是最基本的礼貌。交谈时，如若你沉溺于手机，则会给人以漫不经心、心不在焉之感。但看人也要注意把握时间长度，学会控制向度。异性交往时，长时间地盯着对方会带来误解，但若像羞答答的玫瑰一样不敢抬眸，则会给人以另外的解读含义。

（四）服饰之礼需有度

服饰有自我表达的功能，也是社会符号、情感符号、审美符号、性格符号、精神状态符号的外化与"另类"的表达。从着装的TPO原则中，我们知晓了着装要因时、因地、因场合而选择。公务场合着装要庄重保守，社交场合着装要时尚个性，休闲场合要轻松舒适，喜庆场合要色彩艳丽，肃穆场合要色彩素净。若违背之，就为"失度"之表现。

（五）称呼之礼需有度

小称呼，大学问。不当的称呼会惹人不快、产生误会，合适的称呼有助于拉近距离、协调关系。多年来，有些学生在教室、办公室中规中矩地尊称我为"程老师"，而在家中聊天、微信交流等私人交流场合，他们则会无拘无束亲切地称我为"燕子姐姐""大可爱""橙子"等，师生距离瞬间缩短，让我们更像朋友般融洽相处。

（六）拜访之礼需有度

拜访是人际交往中必不可少的增进友谊、联络感情的环节。作为客人，需要把握为客之道：不过早，不超时，不失约；及时提出告辞，不拖泥带水，不过久停留。

（七）馈赠之礼需有度

《仪礼》记载：士与士见，必带之以赘。在漫长的岁月长河中，馈赠作为表情达意、建立良好感情的方式，一直未曾退出历史舞台。"千里送鹅毛，礼轻情意重"，即礼物能表达心意即可，不可过于贵重。

…………

借中庸之道，明礼仪适度之理，于我，亦是另一重收获。

【品格言】

过则失中，不及则未至，故唯中庸之德为至。

——朱熹

不欲极饥而食，食不过饱；不欲极渴而饮，饮不过多。

——葛洪

中道行为使人成功。

——亚里士多德

第二节 真诚向善

经典再现

诚者，非自成己而已也，所以成物也。成己，仁也；成物，知也。

——《中庸》第二十五章

译文：真诚，并非仅仅自我完善就够了，还要不断完善事物。自我完善，是仁的表现；完善事物，是智的表现。

【读书明礼】

"诚者自成也"，人要自诚，做一个诚实的人，不自欺欺人，做一个心底坦荡、问心无愧之人。此外，除了自诚，还要做一个诚实对待他人的人，不欺骗他人，诚心对待朋友，诚心对待同学，诚心对待人生，诚心对待社会，向善向美前行，成就自己美好的品性。

随感

周日，上午9点到11点，我把自己关进书房，从头至尾又认真品读《中庸》。读毕，静坐闭目咂摸其中滋味，尤其是关于"诚"之核心，无奈受限于思维、学识、阅历等等，无法悟出其中要义。修身悟道，看来的确是一个漫长的"取经"过程。

（一）"诚"如清莲

"诚者物之终始，不诚无物。是故君子诚之为贵。"[①]由此可以知晓，"诚"从最基本的层面理解，当为真诚。做人要真诚，对人要坦诚，朋友之交要挚诚。不耻下问、不懂则问为真诚，保持本色、不做作、不逢迎为真诚，不虚荣、不有意掩饰缺陷为真诚，不畏过错、勇于承认改正为真诚，为人不世故、不圆滑为真诚……此处的"诚"，是那一荷清莲，素雅动人。

（二）"诚"如幽兰

"君子之道，辟如行远必自迩，辟如登高必自卑。"[②]行一件事，不好高骛远，不驰于空想，明白"以求真的态度作踏实的工夫"，若"以此态度求学，则真理可明"；知道一步一个脚印踏踏实实走好脚下的每一步路，总有一天，会有凤凰涅槃般的绚烂美丽。此时，"诚"，是那空谷的一株幽兰，馨香悠远！

（三）"诚"如深潭

"诚者，非自成己而已也，所以成物也。成己，仁也；成物，知也。"[③]真诚不仅仅是自我成全，它还要成全万物。文东茅老师致力于传统文化的研究，自身明德明理的同时，也以不同的形式弘扬传统文化，比如在群里每日督促大家阅读经典并阐

①［宋］朱熹撰、金良年今译：《四书章句集注》（上），上海古籍出版社2006年版，第42页。

②［宋］朱熹撰、金良年今译：《四书章句集注》（上），上海古籍出版社2006年版，第32页。

③［宋］朱熹撰、金良年今译：《四书章句集注》（上），上海古籍出版社2006年版，第42页。

述心得，"逼迫"我们于纷扰繁杂的世俗中偷闲静心读书与"心修"。这个过程眼下看似乎有那么一点点辛苦，但当有一天我们再回首时，定会感念这段日子。老师不但成全了自己，还以一种用心良苦的方式成全了我们，这当是一种博厚的"至诚"！此处的"诚"，是一潭幽静的湖水，深沉宁静！

【品格言】

人而无信，不知其可也。

——《论语》

丈夫一言许人，千金不易。

——《资治通鉴》

伟大人格的素质，重要的是一个诚字。

——鲁迅

第三节 慎独修身

经典再现

是故君子戒慎乎其所不睹，恐惧乎其所不闻。莫见乎隐，莫显乎微。故君子慎其独也。

——《中庸》第一章

译文：君子就是在没有人看见的地方也是小心谨慎的，在没有人听见的地方也是有所戒惧的。要知道，最隐暗的地方，也是最容易被发现的，最细微得看不见的事物也是最容易显露的。因此，君子独居时要特别谨慎。

【读书明礼】

慎独是一种能力，是一种修养，是一种品格。它告诫我们：任何时候都要做到始终如一，我们的所作所为应是源自心底的真诚，而非大庭广众之下的一种作秀行为。真正的修养，应是表里如一的。

随感

《中庸》第一章"纲领"有言："是故君子戒慎乎其所不睹，恐惧乎其所不闻。莫见乎隐，莫显乎微。故君子慎其独也。"慎独，知易行难，绝大多数人在有外界的监督下尚可规范自身的行为，但倘若一人独处时，多多少少会放松对自我的要求。故，我们看到了消防通道乱停车的现象、共享单车被作为"私家车"推到了自家屋檐下的画面……有人在场或无人在场我们的行为均要保持一致，"言顾行，行顾言"，如此，才能更好地做到"慎独"。

"喜怒哀乐之未发，谓之中。"[①]我们非常清楚地知道喜伤心、怒伤肝、思伤脾、忧伤肺，我们分明也了解长期的情志过激会危及身体健康，成为健康隐患，成为人际交往的绊脚石，可许多时候，你我仍然难以控制自己如火山喷发的情绪，只能任由其摆布。两车剐蹭，本无大碍，下车后却怒火中烧，出言不逊，原本可以一笑而过的事却上演成为"世界大战"。如果彼此都能克制一下情绪，将对车的关注转为对人的关心，就可以云淡风轻地友好处理。倘若能多点宽容之心，多点换位思考，糟心之情就会减淡，就会发现有扑面而来的"和顺"之感。

"天下国家可均也，爵禄可辞也，白刃可蹈也，中庸不可能也。"[②]追求中庸之道路确实"阻且长"，但如果"人一能之，己百之；人十能之，己千之"，则定会"愚必明""柔必强"。

---

①［宋］朱熹撰、金良年今译：《四书章句集注》（上），上海古籍出版社2006年版，第23页。

②［宋］朱熹撰、金良年今译：《四书章句集注》（上），上海古籍出版社2006年版，第27页。

【礼仪故事】

徐溥储豆

明代学者徐溥为了敦促自己修身立德，在书桌上放置了两个瓶子。当他做了一件好事或有善念时，就往左边瓶子里放一粒黄豆；当他做了一件不好的事或起恶念时，就往右边瓶子里放一粒黑豆。起初，黑豆多、黄豆少，见此情景，他便积极反省，对自己提高要求。半年后，黄豆数量远远多于黑豆。徐溥通过这种方法完善品行，进行自我修炼，这种做法就是典型的"慎独"。

第四节　不偏不倚

经典再现

子曰："道之不行也，我知之矣：知者过之，愚者不及也。道之不明也，我知之矣：贤者过之，不肖者不及也。人莫不饮食也，鲜能知味也。"

——《中庸》第四章

译文：孔子说："中庸之道不能在天下实行，我清楚它的原因了：聪明的人自以为是，实行的时候超过了它的标准；而愚蠢的人智力欠缺，又不能达到它的标准。中庸之道不能为人所明了，我也知道原因了：有德行的人要求过高，做得太过了；没有德行的人要求又太低，没有做到。这正像人们没有谁不吃不喝，但却很少有人能够真正品尝滋味。"

【读书明礼】

凡事有张有弛。中庸之道是为人处世的法则和最高境界，是提高自我修养的不二法门。在生活和工作中，我们要用其来指导言谈举止，待人接物恰到好处，言谈表达温和有度。

随感

曾经听到过这样的观点——"如果一节课彻头彻尾地都在讲

课而不把课堂交给学生的一定不是好老师！"

听闻此言，我有些迷茫、惶惑。

当我再读《中庸》时，脑海中蓦然就跳出了这个观点。如此偏激地衡量"好老师"的标准，是不是应当商榷一下呢？在这种观点中，哪怕一个老师具有多么宽阔的视野，具有再深厚的专业素养与授课功力，倘若只会采用传统的讲授法授课，那就一定不是好老师喽？尤记得，读大学时，讲文学史的基本都是头发花白让人望而敬之的老师。上课时间到，老师往讲台上一站，闲话不叙便开讲，一节课，我们除了专注聆听，就是手执笔一直在笔记本上不停地记。大学毕业时，竟然积累了厚厚一摞笔记。直至今日，20多年过去了，我仍然保存着这些有着难以磨灭的青春记忆、充满着年代感的纸质笔记本。这样的老师，按照当下时兴的"翻转课堂"标准，恐怕绝对不是"好老师"了吧！

时代在发展，教学方法固然要相应地做改进，可是面对不同学科专业，面对不同性质的课程，讲课时间之长短不能一概而论吧？传统的讲授法能够帮助同学们更全面、更深刻、更准确地理解课程内容，帮助其架构起更系统的理论知识体系，让他们在实践中少走弯路。课堂应是生命相遇、心灵相约的场所，如果过于重视表面上花样翻新的"翻转课堂"，必然会影响知识的有效传递，从而本末倒置，陷入另一个极端与"怪圈"。

中庸，不偏不倚也，不极端，不剑走偏锋，"时中"，无过与不及，教学也是一样。

不知您是否认同呢？

【品格言】

君子中庸，小人反中庸。

——《中庸》

君子素其位而行。

——《中庸》

张而不弛，文武弗能也；弛而不张，文武弗为也，一张一弛，文武之道也。

——《礼记》

第五节 以诚修心

经典再现

唯天下至诚，为能尽其性；能尽其性，则能尽人之性；能尽人之性，则能尽物之性；能尽物之性，则可以赞大地之化育；可以赞天地之化育，则可以与天地参矣。

——《中庸》第二十二章

译文： 只有天下至诚的圣人，才能尽量充分发挥自己天赋的本性；能尽量充分发挥自己天赋的本性，就能尽量发挥天下人的本性；能尽量发挥天下人的本性，就能尽量发挥万物的本性；能尽量发挥万物的本性，就能帮助天地对万物进行演化和发展；能帮助天地对万事万物进行演化和发展，就可以与天地并立为三了。

【读书明礼】

诚是一种宝贵的品质。诚心对待他人，能够收获友谊；诚心对待学习，能够收获成功。真正的真诚是如实地面对自己的内心，时时擦拭内心镜面上的尘埃，方能照亮我们前行。真诚是一束光，能照亮心灵；真诚是一架桥，能沟通人与人之间的情感。正如我国著名翻译家傅雷先生所言："一个人真诚，总能打动人。"

随感

读《中庸》，内修心，我希望自己做一个这样的女子。

做一个性情温和的女子。待人优雅得体，遇事不急不躁，喜怒哀乐不形于色，内敛而有节制，善于控制自己的情绪，不轻易动怒、不乱发脾气，"己所不欲，勿施于人"。温暖灿烂，明媚如花。

做一个恬淡安然的女子。无论在家庭、生活还是工作中，都做一个不抱怨的人，"上不怨天，下不尤人"，遇事先从自身查找原因。一切都是最好的安排，身处逆境不悲观，身处坦途不傲然，"素富贵，行乎富贵，素贫贱，行乎贫贱"，淡然从容，娴静温和。

做一个宽容善良的女子。"宽容以教，不报无道"，远离自私和狭隘，不斤斤计较，得礼也要让人；与人为善，坚信善良是一种品格，是一种美德，也是一种修养。"做一个善良的女子，心不怨恨则美丽，心存宽恕则圣洁。"

做一个勤学善思的女子。书是经久耐用的化妆品，做一个爱读书的女子，"博学、审问、慎思、明辨、笃行"，勤学善思，学以致用，让自己轻轻走向完美！

【礼仪故事】

国王的牡丹花

有一位国王，因无儿子，便计划从民间遴选一位小孩做王子。于是国王发给了每位候选者一粒牡丹花种，看谁种出来的花最漂亮、花朵最多。到了评比之日，几乎所有的小孩都捧着鲜艳怒放的牡丹花，唯独有位小孩捧着那粒没有开花的花种黯然垂泪。但是最终国王却选择了他。因为，国王之前发给他们的都是煮熟的花种，是无法成活的。国王以此来试验继任者的品质。

第六节　诚心待人

经典再现

其次致曲，曲能有诚，诚则形，形则著，著则明，明则动，动则变，变则化，唯天下至诚为能化。

——《中庸》第二十三章

译文：比圣人次一等的贤人，他们往往致力于某一方面，而致力于某一方面也能做到真诚。诚心可以表现出来，表现出来就很显著，显著了便会进行弘扬，弘扬就会影响他人，影响他人就会引起变化，引起变化就能化育万物，只有那些极真诚的人才能化育万物。

【读书明礼】

内心之诚、内心之敬，要通过形式外化出来，如此，交往对象方能感受到你之敬意。你的友善，一个微笑可以表达；你的热情，一个握手可以表达；你的周到，一个手势可以表达；你的体贴，一杯热茶可以表达；你的温暖，一句话语可以表达；你的孝敬，一个电话可以表达；你的爱心，一次公益可以表达！

随感

曾读过日本作家、《生活手帖》总编松本弥太郎的短文《措辞》，文中提及一位年轻的女摄影师，她无论是与长辈、年幼的孩子还是与拉面店的员工交谈，均能使用优雅得体的敬辞，而且丝毫没有因为过于雕琢殷勤反显失礼做作之感。

我们每天都要说话，要和不同的人说话。当我们开口时，是否能够不因对方的职业、身份、地位而加以区别对待呢？是否随时能做到对每一个人都恭敬有加，都能通过敬辞表达对他人的尊重呢？是否能通过合适的方式让对方接受呢？很多时候，我们都忽略了一句不经意的话语可能对他人带来的心理影响程度。

当外卖小哥将您点的餐准时送达时，您是否真诚地说了声"谢谢，您辛苦了"？

当您驱车到单位门口，门禁无法感应，保安师傅帮您开门时，您是否微笑着真挚地表示了谢意呢？

窗口岗位的工作人员，面对不同的来宾，您是否时刻都记得使用合适的称呼及"五声十字"礼貌用语呢？

…………

也许，"我们本不想以粗鲁的态度说话，却往往在不经意间疏忽了，让措辞变得漫不经心"。

"诚则形，形则著，著则明，明则动，动则变，变则化。"①

内心若有对他人的真诚与敬重，反映在言辞上就必然会是让人悦耳悦心的表达，遣词造句不是流于形式的虚浮礼节，而是源于一个人的内心态度，若有诚，说话方式就一定会改变，就一定

---

① ［宋］朱熹撰、金良年今译：《四书章句集注》（上），上海古籍出版社2006年版，第41页。

会让人如沐春风。

【礼仪故事】

李苦禅烧画

李苦禅是我国近现代著名画家，他为人耿直，凡答应给人作画，从不食言。曾经有一位老友请李苦禅作画，因有事在身，他未能及时完成。不久，老友病逝，当他知道老友故去的消息时，既难过又惭愧，随即作画，画了幅百莲图，并郑重题上老友的名字，盖上印章，然后携至后院将画烧毁。事后，李苦禅对儿子说："今后再有老友要画，及时催我，不可失信啊！"

第四章　童蒙养正

——《弟子规》中的礼仪

第一节　不违父母

经典再现

父母呼，应勿缓。父母命，行勿懒。

父母教，须敬听。父母责，须顺承。

——《弟子规》

译文：父母呼喊你时，就要赶紧应答。父母有什么事让你做，就要赶紧行动，不要偷懒。父母的教诲，一定要洗耳恭听。父母的责备一定是有道理的，一定要学会虚心接受。

【读书明礼】

身为晚辈，对父母要有基本的孝敬之心。孝敬，不仅仅是陪伴，不仅仅是给父母提供物质上的保障，它更表现在日常的点滴细节之间。如果父母呼唤之时，你仍然沉浸于手机而不作应答；如果父母让你去协助做一点家务时，你仍然躺在沙发上丝毫不动；如果你因行为不当受到父母责备时，你表情不屑并加以顶嘴，这就无法表现出来你对父母的孝敬。

🌀 随感

　　让孩子接受教育的目的是什么？以前，好像真的没有认真思考过这个问题。像所有家长一样，女儿到了该上幼儿园的年龄就把她送进了幼儿园，到了该上小学的年龄就把她送进了小学，至于为何让她接受教育，我这个做教师的妈妈竟然从未做过思考。跟着北大教育学院的文东茅老师学习"学以成人"这一课后，方才进入对该问题的思索。

　　让孩子成为一个讲规矩、晓责任的人。对于孩子而言，每天上学是任务，也是未来十几年的核心任务。早上，需按时到校；在校，需遵守校规；放学，需先写完作业再玩。这种有规律的作息活动让她意识到，不管是学习也好，或是未来的工作也好，都要有规矩意识、使命意识、责任意识。

　　让孩子成为一个会与他人友好相处、懂得爱他人、具有大爱情怀的人。当孩子从"捧在手心里的宝"移步至校园，要丢掉"公主病"，在学校这个集体中学会如何与其他人相处、如何进行良好沟通。要让孩子明白，老师、同学就如同自己的家人，要学会像爱亲人一样爱他们。

　　让孩子在学习获取知识的过程中，做一个会独立思考、明辨是非、做正确判断取舍的人。

　　学习就是一个不断攀登的过程，在这个过程中，让孩子学会"立志"，培养其毅力与抗挫折能力，做一个有胸怀、有格局的人。

【品格言】

不以规矩，不能成方圆。

——《孟子》

遵照道德准则生活就是幸福的生活。

——亚里士多德

秩序是自由的第一条件。

——黑格尔

第二节　不卑不亢

经典再现

勿谄富，勿骄贫。

——《弟子规》

译文： 不要讨好富人，也不要轻看穷人。

【读书明礼】

平等待人，是礼仪的基本原则，即尊重交往对象，以礼相待，对任何交往对象都必须一视同仁，给予同等程度的礼遇。面对有身份、有地位之人，能够不卑不亢，不做阿谀奉承之人；面对身处底层之人，亦能友善待之，不做另眼相看之人。

随感

有一天上午，从图书馆出来，遇到一位打扫卫生的大姐。她把落叶清扫完毕后站在垃圾清扫三轮车旁边小憩时，打开手机看视频，看到会心处，一个人发出爽朗、纯粹、极富感染力的大笑。刚好走至此处的我，看到这一幕，笑容不禁也漾浮于嘴角。雨后的校园，有一股清新气息扑面而来，太阳从云层跳跃而出，大姐开怀的笑声、知足的表情，那一瞬，我竟有了小小的感动。并没有接受过更多教育的大姐，此时此刻，此情此景，又如何不能用幸福二字来形容她呢？！

前段时间，去楼下取快递，快递小哥车上的音响播着欢快的音乐，他怡然自得地坐在车上等候，丝毫没有等候的焦躁之情。整个交付快递的过程，温和而有礼。他的状态，给人以一种虽然负重前行但日子仍然静好吾心依然淡定从容之感。

虽然没有读过太多的书，虽然没有耀眼的学历，他们不过是生活在底层的芸芸众生中的普通一员，可谁又能说，他们的幸福感就必然会低于那些所谓的主流社会的精英阶层呢？！

平凡人自有平凡的小快乐，自有平凡人的小幸福。所谓幸福，与学历无关，与财富无关，与地位无关。

【礼仪故事】

宋弘念旧

东汉时，有一位在朝廷里做司空的官员名叫宋弘。当朝皇帝光武帝刘秀的姐姐湖阳公主的丈夫去世，光武帝欲为姐姐物色新驸马。湖阳公主对皇帝说："宋公不仅有出众的才华，还有威严的容貌，朝廷里的文武百官，没有人能比得上他的。"皇帝听了以后，明白了姐姐的意思，于是召见了宋弘，对他说："你现在身居高位，以前的朋友，不该联系的就不要联系了，以前的妻子也该换了，人活在世上都是这样的。"宋弘对答："臣闻'贫贱之交不可忘，糟糠之妻不下堂'。"皇帝听到他这样回答，对其赞赏有加，于是就劝说姐姐这件事情还是算了吧。

宋弘真正做到了"勿谄富，勿骄贫；勿厌故，勿喜新"，对结发之妻不离不弃，对权贵阶层不巴结讨好。

第三节 远离非仁

经典再现

同是人，类不齐。

流俗众，仁者希。

——《弟子规》

译文：同样是人，每个人的脾气性情各不相同。受社会潮流风气影响，随着潮流走的人多，而真正仁慈博爱的君子却相当稀少。

【读书明礼】

身为凡人，多数人每天都更关心生活中的一地鸡毛，关注与自己利益相关的事情，我们的内心离高尚还有较远的距离。而那些品德高洁之仁者，少了一份私心，处处能替他人着想。我们需要榜样，需要向那些道德高尚之人靠近，远离品行低劣之人。

随感

好朋友玲，数学系毕业后没有参加工作，转而再回母校跟着外语专业本科生作为插班生学了4年英语，并考了专业英语八级。因为她爱人经营着一家公司，有丰厚优渥的物质条件，玲没有发挥专业特长走向工作岗位，而是选择做了全职太太。像所有电视剧中的狗血剧情一样，婚后几年，她爱人外遇，家里从此失去了宁静，闹得鸡犬不宁。

有一段时间，我几乎每天半夜都会接到玲打来的哭诉电话。电话这端，听着玲控制不住的无助的哭声，我感到无比心疼。人到中年，为了家，她付出了青春，付出了全部信任，可万万没有料到，等到的却是这样撕心裂肺的痛。不再年轻的她，因为多年与社会脱节，没有勇气、没有自信再迈出脚步去为自己的后半生和女儿的未来寻找一份工作，日子过得无比凄惶！

同为女性，我的感悟是：女人一定要有一份属于自己的工作或事业，经济上独立自主，不做攀附男人的凌霄花。当你有足够的能力时，面对任何突如其来的变故或打击，你都不会恐慌，不会六神无主；当你把自己经营得很优秀、很出色时，有危机感的将是男人！让自己经济独立，也是一种爱的能力！

【品格言】

德不优者，不能怀远；才不大者，不能博见。

——王充

一个崇高的灵魂是从所有的举动中透露出来的。

——巴尔扎克

品德应该高尚些；处世，应该坦率些；举止，应该礼貌些。

——孟德斯鸠

第四节　亲近仁者

经典再现

泛爱众，而亲仁。

——《弟子规》

译文：对大众有博爱之心，同时亲近道德品质高尚的人。

【读书明礼】

"泛爱众"是指要博爱，对大众充满关怀之心，要心中有爱，不仅爱家人，同时还要爱朋友、爱同事。博爱是一种能力、一种力量，它会让你收获尊重与来自他人真诚的喜爱。博爱之心有如金子之心，熠熠生辉。

《孔子家语·六本》云："与善人居，如入芝兰之室，久而不闻其香，即与之化矣。"和仁者在一起，就如同进入芝兰之室，久而久之，就闻不出香味了，因为你的品德之香，在仁者品德之香的熏染下已经变化得和仁者一样了。亲近仁者，同时也包括了亲近经典文化，久而久之，蒙仁德书香的熏染，你的气质也会随之发生变化。

随感

做一个有大爱的人，需要有一颗善良之心、无私之情怀。

王宽，河南人，2016年"感动中国"十大人物之一。1998年退休后，他和老伴陆陆续续收养了6名孤儿。为了供养孩子们吃饭、读书，他放下国家一级演员的身份去茶楼卖唱，一唱即是7年。"感动中国"颁奖词如此描述："重返舞台，放不下人间悲欢，再当爷娘，学的是前代圣贤。为救孤，你古稀高龄去卖唱，为救孤，你含辛茹苦十六年。十六年，哪一年不是三百六十天。台上，你苍凉开腔，台下，你给人间做了榜样。"王宽老师用实际行动传达、演绎了何谓仁者与大爱！

张桂梅，黑龙江人，2020年度"感动中国"十大人物之一，"七一勋章"获得者。14岁时随姐姐到云南支边后再未离开。2008年，张桂梅主持创办了全国唯一一所免费女高——华坪女子高级中学，专门供贫困家庭的女孩读书。她是点亮乡村女孩人生梦想的优秀人民教师，推动创办了面向贫困山区女孩的免费女子高中，帮助近2000名贫困山区女孩圆了大学梦。拖着病体忘我工作，坚持用红色基因树人铸魂的张桂梅，被孩子们亲切地称为"张妈妈"。

是的，没错，无论王宽，还是张桂梅，他们都普通而平凡，但是在他们的平凡里，孕育着不平凡，那就是——感人的大爱。

【品格言】

博爱之谓仁，行而宜之谓义。

——韩愈

仁也以博爱为本。

——康有为

爱是美德的种子。

——但丁

第五节　谦卑有礼

经典再现

称尊长，勿呼名。

对尊长，勿见能。

——《弟子规》

译文：称呼长辈，不要直呼其名。在长辈面前，不要故意炫耀自己的才能。

【读书明礼】

面对尊长，要有基本的礼节，开口要有合适的称呼，直呼长辈的名字是缺乏教养的表现，家长要在孩子小的时候就教会这些基本的礼节，帮助孩子树立长幼有序的意识。在尊长面前，要低调谦逊，忌锋芒毕露、自吹自擂、藐视长辈，家长应告知孩子要有谦卑之心，狂妄自大对自己的立身处世与未来的前途均有负面的影响。

随感

人在旅途，早出晚归，身体极度疲惫，而心却是充盈的，因为随身携带着书籍，可以在片刻休憩之余得以伴着书卷墨香思考。

最好的礼仪教养在家庭。

家长是孩子最亲密的老师，孩子天性喜欢模仿，会在耳濡目染中观察并无意识地仿效父母的行为。生活中，面对孩子的一些无礼行为，很多人都习惯说孩子还小不懂事，长大了自然就好了。其实我们会发现，孩子的所作所为分明有明显浓重的大人痕迹。也许，每一个"熊孩子"背后真的都有一个"熊家长"。

镜头一：

某年冬天，我带女儿去儿童医院看病，在候诊室看到了一对穿棉睡衣的母女，她们的着装在众人中异常醒目、扎眼。当时是上午10点左右，而非深夜的急诊室，她们在出门前应该完全来得及将睡衣更换为外出服。在小女孩渐渐长大的过程中，她可能就会理所当然地认为睡衣是可以出现在公众场合的。8年前，我女儿4岁，那时即使跟我下楼去扔垃圾，她也会非常主动地换掉睡衣、拖鞋，因为我从来不会把睡衣、拖鞋穿到除了家以外的任何地方。

镜头二：

某天早晨，送闺女上学，在等交通信号灯时，一位爸爸可能是着急送过孩子后去上班，未等绿灯亮起就匆忙冲了过去。我故意试探了一下闺女："你看，这会儿正好没车，要不咱俩也赶紧过去吧？"闺女闻言使劲拉紧我的手说："不行，不行，绝对不行！"因为在这以前每次过马路，哪怕有再急的事情，哪怕十字路口没有一辆通行的车辆，我都会耐心等待绿灯。

镜头三:

初春时节,参加亲戚的寿宴,寿星在主位坐定,非常宠溺地让6岁的外孙坐到了自己的旁边。看到这一幕,女儿趴在我耳边悄声问:"妈妈,小孩子也可以坐在主位吗?"因为我们平时在家里用餐,主位一定是留给爷爷奶奶或外公外婆的,其次是爸爸妈妈的位置,最后才是女儿的,开餐时,老人没有到场,小孩子是不允许先动筷子的。所以,在她心里已经根植了主位一定是留给长辈的、"长者先,幼者后"这种观念。

当我们责备孩子站无站相、坐无坐相时,是不是应当反思自己平时是否经常"葛优瘫"般地躺在沙发上呢?记得有一次,我提醒斜靠在床头看书的孩子,结果她反问:"妈妈,你有时候不是也躺着看书吗?"我顿时哑口无言。

当我们批评孩子不能玩手机时,是不是应该反思一下自己平时是否经常在家里看手机呢?有天傍晚,我边陪孩子写作业边拿着手机处理工作,她问问题时我有点心不在焉,孩子说:"妈妈,你总说和别人说话时要放下手机,可你自己还这样不专心。"一时间,我竟无言以对。

…………

苏霍姆林斯基曾说:"每个瞬间,你看到孩子,也就看到了自己;你教育孩子,也就是教育自己,并检验自己的人格。"

父母就是孩子的一面镜子,孩子的言谈举止很可能反映的就是父母的形象。

【品格言】

长幼有序。

——孟子

明师之恩，诚为过于天地，重于父母多矣。

——葛洪

礼者，断长续短，损有余，益不足，达爱敬之文，而滋成行义之美也。

——荀子

第六节 虚心好学

经典再现

唯德学，唯才艺。

不如人，当自励。

——《弟子规》

译文： 做人最要紧的是品德、学问、才干、本领，当这些方面不如他人时，就要不断勉励自己、努力学习。

【读书明礼】

"好学近乎智，力行近乎仁，知耻近乎勇。"山外山，天外天，当遇到比自己优秀的人时，要摆正心态，承认自己的不足，虚心向他人学习，此时，要抛弃嫉妒之念。

随感

时光如水，缓缓流淌。初秋，校园里仍然是苍翠的绿；深秋，银杏叶已飘落了一地的金黄。第一周课的景象仍历历在目，突然间，第八周就猝不及防地扑面而来。

八周，每节课都有它别致而美好的模样，每节课都富有满满的能量和营养，每节课都会有触及心灵之拷问与反思……

感谢文东茅老师的循循善诱与启发，让我明白了"道"即上善若水。无私、大爱即为道，无论夫妻、亲人、朋友，均需要"有道之爱"，如此方能"无私真爱，志同道合，风雨同行，共同成长"，心中有大爱，方能共创共享大幸福。

　　晨起，踏着落叶间细碎的阳光入北大西门，那一树醉人的银杏，实实在在地醉了我的心。一路走来，满目皆是深秋独到的风景，有钢琴曲在耳畔萦绕，我的嘴角不自主地荡漾起一抹微笑。周末，学生专门来访，陪他在未名湖畔走走看看，边走边聊，自由地畅谈，被学生惦念，是一种沁人心脾的芬芳馨香。每晚临睡前，拿出"幸福日志"，静静地想，默默地念，用心记录所有值得感恩的时刻……感谢文老师，教会了我用积极的心态去对待当下，帮我提升了感知幸福的能力！幸福，正如老师所言："是不断向上向善的心安！"

　　教育，是以一棵树摇动另一棵树，是以一朵云唤醒另一朵云，是以一个灵魂唤醒另一个灵魂。我是老师，是一位礼仪老师，我一直相信，礼仪课堂应该是美的课堂，也应该是以春风化雨般的方式感召、以正能量影响同学们的课堂。经营幸福的课堂，培养幸福的学生，做幸福的老师，努力，在路上，如此，甚好！

　　所有的遇见，不仅美好了这一段曾经共度的时光，也必将会成为相伴终生、沉淀于心的深情而暖心的回忆！

　　谢谢文老师，谢谢亲爱的朋友们，祝你们幸福！

【礼仪故事】

三人行，必有我师

孔子是我国儒家学派的奠基人，是著名的教育家、思想家。一次，他和弟子们正在赶路，一个小孩挡在了路中央。原来，小孩正在用石块垒一座城池。孔子让他让路，小孩子却说："世上只有车绕城而过的，哪有把城拆了给车让路的。"孔子想：这孩子说的话的确有道理，便绕路而行。事后，孔子感叹："三人行，必有我师焉！这孩子虽小，却可以做我的老师了！"

第七节　端正意念

经典再现

墨磨偏，心不端。

字不敬，心先病。

——《弟子规》

译文：如果内心不端正，磨墨就容易磨偏；如果内心有杂念，字就不容易写端正。

【读书明礼】

汉字是传承中华文明的重要载体，是中华民族的宝贵财富。古人写字使用毛笔，写字磨墨时，如果心不在焉，墨就会磨偏，从而写出来的字就会失之端正，这表明写字的人内心浮躁不定。

古人云："意在笔先，心正则笔正。"字如其人，从字上可以反映出一个人在办事时是否缺乏认真的态度和严谨的作风。

随感

"无私"才能"无为"，行动上"无为"，意识上必须"无私"。无论修身、治国，还是学习、生活、工作，"少私"方能不失范，无私方能成其私，心中"无我"方能做到"有我"，摒弃"小我"方能成就"大我"。当今社会，缺失的不正是这种"少私"与"无我"的精神吗？！缺失的不正是这种博大而宽厚的境界、格局与胸怀吗？！

要站在更高的角度思考问题，遇到问题要勇于承担责任、积极参与，而非抽身躲避。

做人要遵从主流社会的准则，不故意反其道而行之，不刻意标新立异，要保持兼容并包的胸怀。

【品格言】

知责任，明责任，负责任。

——陶行知

月儿把她的光明遍照在天上，却留着她的黑斑给自己。

——泰戈尔

人需要有一颗牺牲自己私利的心。

——屠格涅夫

第八节　勤奋用功

经典再现

宽为限，紧用功。

工夫到，滞塞通。

——《弟子规》

译文：学习时间可以放得宽松一点，但同时要抓紧用功。只要功夫到了，不懂的地方自然会弄清楚。

【读书明礼】

读书或工作时，不妨提前制订一个周详的计划。在制订计划时，可以把时间放得宽松一些。但当我们开始读书或工作时，内心要有紧迫之感，要严格要求自己，精神上不懈怠，不偷懒，不随意更改计划或者意志不坚中途放弃。书读百遍，其义自见，功夫到了，道理自然就懂了。

作为家长，对孩子的要求不能仅仅停留于口头上，要给孩子树立好的榜样，教会孩子读书要有计划，然后按照制订的计划分阶段慢慢完成。繁忙的工作之余，家长在陪伴孩子的时候暂时放下手机，捧一卷书于手，时间久了，孩子自然就养成了爱阅读的好习惯。

🌀 随感

读《道德经》，总有自己"智商不上线"之感，惯有的画面是：因读不通透而心生烦恼，故索性暂时放置一边；过一两个小时，捧书，再继续啃骨头般地阅读悟道，也许真的某一天就会"书读百遍，其义自见"了吧。

"道之为物，惟恍惟惚。惚兮恍兮，其中有象；恍兮惚兮，其中有物。"

何谓道？源于先天智商所限及积累厚度的欠缺，一直难以理解透彻。

在我眼里，"道"恍若神秘园，充满了魅惑、让人不可抵挡的气息。

"道"像海市蜃楼，缥缈不定，似乎看到了，但走得越近，越无法看得清楚真切。

"道"像传说中的嫦娥，美虽美哉，却只能在遥远苍穹的广寒宫里，有一点高处不胜寒之意味。

"道"又像蒙着面纱的女郎，回眸一笑间，迷人心扉、醉人心田，给人以无穷的遐想。

"道"若善男信女虔诚信仰的神灵，看不见、摸不着，却又似乎就萦绕在身边，法力无边。

"道"又若在水一方的窈窕伊人，让人望穿秋水、辗转难寐却又求之不得。

……………

悟道之路，险阻且又漫长！

"给生活做减法""给思想做加法"，一减一加，减物欲，在繁华中不迷失自我；增思想，做任何事都要保持"道"，时刻保持思考的状态，以合适的标准对待生命中出现的每一位人、每一件事。

【品格言】

人生在勤，不索何获。

——张衡

黑发不知勤学早，白首方悔读书迟。

——颜真卿

旧书不厌百回读，熟读精思子自如。

——苏轼

第九节 亲仁德进

经典再现

能亲仁，无限好。

德日进，过日少。

不亲仁，无限害。

小人进，百事害。

——《弟子规》

译文： 能够亲近那些品德高尚之人，是非常有益的事情。这能够使自己的道德修养每天提升进步，过错日益减少。倘若不亲近品德高尚之人，是非常有害的。如果那些品行恶劣之小人接近你，很多事情都会办坏。

【读书明礼】

朋友是暗夜的明灯，照亮前行的路；朋友是冬日的阳光，温暖失意的心；朋友是一生的财富。交友时，要多交益友。孔子曰："益者三友，损者三友。友直、友谅、友多闻，益矣；友便辟、友善柔、友便佞，损矣。"①与正直的人交朋友、与诚实的人交朋

---

① ［宋］朱熹撰、金良年今译：《四书章句集注》（上），上海古籍出版社2006年版，第224页。

友、与见多识广的人交朋友，有益处；与走邪门歪道的人交朋友、与谄媚逢迎的人交朋友、与花言巧语的人交朋友，有害处。

随感

孔子提倡"主忠信，无友不如己者"，交友要交益友，"友直，友良，友多闻"，他们能够帮助我们看清自己，端正自身，远离"便辟友""善柔友""便佞友"，与智者同行，会收获智慧；与愚者为伴，会日益平庸。与优秀的友人同行，也会遇到更完美的自己！朋友在人的生活中是很重要的，近朱者赤，近墨者黑。想要了解一个人，看看他的朋友便可略知一二。真正有益的朋友，坦率、诚信、见闻广博，能在你最需要的时候出现在你面前。

而那些逢迎拍马、口蜜腹剑、巧言谄媚的朋友，在事业上、生活上对你十分有害。向贤德之人靠拢，学习他们的优秀品质，为了遇到更完美的自己；看到不贤者，要静思、反观，也为了遇到更完美的自己。

【礼仪故事】

交友之戒

三国时期，刘伟与魏讽关系非常亲密。刘伟的哥哥了解到魏讽是一个表里不一、奸诈虚伪、沽名钓誉之人，就劝说弟弟："此人品行不佳，你最好少跟他来往，以免日后受牵连。"

然而，刘伟并未听从兄长的劝告。后来，魏讽因犯上作乱而招致灾祸，刘伟因与其交往甚密而受到了牵连。

"礼之花"
——文学中的礼仪

▼

　　中国是文学的国度，诗歌是文学历史长河中闪亮夺目的瑰宝，散文是文学历史长河中清新绽放的百合，小说是文学历史长河中娇艳欲滴的牡丹，它们在悠长的岁月中硕然绽放，如和风细雨一样滋养着中华儿女的心灵，吸引了一代又一代的读者，于文学作品中探寻礼仪之美。文学与礼仪牵手，会赋予我们更多的养分。

第五章　似这般姹紫嫣红

——诗词中的礼仪

第一节　"海内存知己，天涯若比邻"

——诗词中的称呼礼

 诗词再现

送杜少府之任蜀州

唐·王勃

城阙辅三秦，风烟望五津。

与君离别意，同是宦游人。

海内存知己，天涯若比邻。

无为在歧路，儿女共沾巾。

译文： 三秦之地护卫着长安城垣宫阙，透过那弥漫的风烟，似乎能遥遥望见巴蜀之地。你我心中都怀着浓浓的惜别情意，因为你我同于宦海浮沉。四海之内只要有知己，即使远在天涯，也如同近在咫尺一样。不要在岔路口分手之时像多情的少男少女一样，任泪水打湿衣衫。

【作者介绍】

王勃（649或650—676或675），唐代诗人，汉族，字子安，绛州龙门（今山西河津）人。王勃与杨炯、卢照邻、骆宾王并称为"初唐四杰"，其诗风在扭转齐梁余风、开创唐诗上的功劳颇大，留下了"海内存知己，天涯若比邻""落霞与孤鹜齐飞，秋水共长天一色"等千古佳句。王勃14岁时即应举即第，后因《檄英王鸡》一文被高宗怒逐出府。上元二年（675年）或三年（676年），南下探亲，渡海溺水，惊悸而死。

【诗词赏析】

该诗为一首送别诗。离愁别绪是古代诗歌中常见的主题。诗人王勃因友人杜少府要去蜀州任职，故在送友路上作此诗对友人表示劝勉，表达了诗人乐观豁达的胸襟及朋友间真挚的感情。

首联气势雄伟，点明送别地点和友人赴任之处。"城阙"，指京城长安；"五津"，指杜少府宦游之地。一个"望"字，顿时拓宽了诗的意境，把相隔千里的秦、蜀两地连一起，拉近了心理上的距离。通过一近一远两处景物的对照，衬托出行者、送行者双方内心的不舍之情。

颔联把两人之间感情的共鸣写了出来——你我都是远离故土的宦游之人，离别乃人生常事，何必为此悲伤呢，表现了诗人真挚的感情及豁达的胸襟。

颈联笔锋一转，"海内存知己，天涯若比邻"，境界从狭小变为宏大，笔触从悲伤转为豁达，凝练、鲜明地阐述对离别和友情的看法，情理交融，乃全诗最精警之处，也成为脍炙人口的千古佳句。

尾联紧接前三联，以劝慰杜少府作结，此处是对友人的叮咛，亦是自我情怀的吐露。"在歧路①"，点出题面上的那个"送"字。

全诗融情、景、理于一体，记事写景，借景抒情，语言清新凝练，饱含深情并富有哲理；全诗开合顿挫，意境旷达，一改过往送别诗中的哀伤凄切，表现出了诗人旷达的胸怀和那种超越时空、亘古不变的真挚友情。

🌀 明礼知仪

"海内存知己，天涯若比邻。"这句古诗出自唐代诗人王勃的《送杜少府之任蜀州》，它经常被人们所引用，其中的"知己"指的是谁呢？从诗题可以推知是诗人王勃的朋友杜少府，"少府"非其名字，而是当时对县尉的称呼。此处向我们展示了人际交往中的礼节——称呼礼。称呼是人际交往中使用的表示彼此关系或对方身份的名称，恰当、准确的称呼能恰当地体现出当事人之间的关系，也能反映出对交往对象的尊重。开口称呼，要遵从以下礼规。

（一）称呼礼之一：忌无称呼

称呼是人际沟通的第一架桥梁。与人交谈，开口要选取合

---

①歧路者，岔路也，古人送行，常至大路分岔处分手，所以往往把临别称为"临歧"。

适的称呼，尤其是面对尊长之时，忌无称呼，忌用"哎、喂"相称。

（二）称呼礼之二：场合不同，称呼有别

1. 职务性称呼

职务性称呼就是用所担任的职务作称谓，"少府"是一种职务，杜是姓氏，这是一种姓氏+职务的称呼方法，该称呼适合于公务场合。此种称谓方式，古已有之，在孟浩然的《望洞庭湖赠张丞相》中的"丞相"之称，诸葛亮是蜀国丞相而被称"诸葛丞相"等，即是职务之称。职场中，使用职务称呼更显尊敬和礼貌。

2. 职称性称呼

职称是对方的学术职位，如李教授、张工程师等。像职务性称呼一样，称呼对方的职称，凸显的也是敬重之情。

3. 学位性称呼

学位指的是学历层次完成之后授予的学位，本科毕业授予的学位为学士，研究生毕业后两个层次的学位分别为硕士、博士。在这3种学位中，按照就高不就低的原则，只能取最高的学位"博士"称呼对方，如李博士。在学术会议上使用此称呼，会增加专业感、权威性。

4. 亲属性称呼

亲属性称呼是一种类血缘关系的称呼，使用此类称呼，可拉近彼此之间的距离。但要注意这种称呼更适合私人场合，在正式场合尤其是在单位使用亲属称呼会显得不够庄重。

（三）称呼礼之三：忌用绰号称呼

在小学、中学阶段，同学之间有时候爱用绰号尤其是带有贬义色彩的绰号称呼对方，如此可能会激发矛盾，伤害自尊与友情。

通过本首诗，扩充了称呼礼仪，可以让我们学会如何正确称呼师长、正确称呼同学、正确称呼他人，开启良好的人际关系之门。

【知识窗】

交际中的"黄金法则"

法则一：请记住别人的名字。

法则二：学会认真聆听。

法则三：微笑就是财富。

法则四：给人以赞美。

法则五：勇于承认自己的过错。

法则六：婉转提醒他人。

法则七：用心发现美好。

法则八：常怀感恩。

第二节　"清新庾开府，俊逸鲍参军"
——诗词中的赞美礼

 诗词再现

春日忆李白

唐·杜甫

白也诗无敌，飘然思不群。

清新庾开府，俊逸鲍参军。

渭北春天树，江东日暮云。

何时一樽酒，重与细论文。

译文：李白的诗作无人能敌，他那高超的才思远远超出一般人。李白的诗作既有庾信诗作的清新之气，又有鲍照作品的那种俊逸之风。如今，我在渭北独对着春日的树木，而你在江东远望那日暮薄云，天各一方，只能遥相思念。我们什么时候才能同桌饮酒，再次仔细探讨我们的诗作呢？

【作者介绍】

杜甫（712—770），字子美，自号少陵野老，原籍襄阳（今属湖北），出生于河南巩县（今巩义市），唐代伟大的现实主义诗人，有"诗圣"之称。擅长律诗，其代表作有《登高》《春望》《北征》等。杜甫忧国忧民，心系苍生，胸怀国事，诗歌风格沉郁

顿挫，雄浑壮阔。

【诗词赏析】

开头四句，一气贯注。首联高度称赞了李白的诗冠绝当代、卓异不凡、出尘拔俗、无人可比；颔联用峻拔、热情洋溢的笔触盛赞了李白的诗像南北朝的著名文人庾信和鲍照那样清新和俊逸。

颈联通过写离情而叙两人两地相望之情，杜甫在渭北思念江东的李白之时，也正是李白在江东思念渭北的杜甫之时。"春树""暮云"，这些景物之中蕴含着深重的思念之情。

尾联用"何时"作诘问语气，表达了对相聚的浓烈期待。

明礼知仪

在《春日忆李白》中，杜甫对友人李白的才情进行了高度的赞美："白也诗无敌，飘然思不群。清新庾开府，俊逸鲍参军。"这两句诗实乃赞美的最高境界，教会我们与人沟通运用赞美之礼时的一些技巧。

（一）言之有物

夸赞他人之时，忌大而无当、不着边际、空洞无物。在上述诗句中，作者赞美李白的诗作清新如庾开府、俊逸如鲍参军，赞美具体，且有参照。比如老师在课堂教学时，要善于使用正向激励性的语言赞美学生，此时不建议经常用"你真的很棒"这类模糊字眼，可以有针对性地夸赞"你的字写得真漂亮""你这道题的解题思路很新颖"等，以此鼓励学生。

（二）言之有时

赞美要及时，过于滞后的赞美会让人感觉缺乏诚意。与他人交往，要学会发现别人的优点，"赠人玫瑰，手留余香"，及时、恰到好处的赞美可以和谐融洽人际关系。

（三）言之有情

赞美之时，言之有情表现为嘴角上扬、语调上扬、情绪上扬。通过面部表情、语气、语调变化，体现赞美者真诚、积极乐观、善于接纳他人的心理状态。

赞美，可以融洽人际关系，提升自信心，愉悦彼此的心情。

【知识窗】

"赞美"技巧小贴士

一、夸赞对方的容貌。

二、夸赞对方的声音。

三、夸赞对方的性格。

四、夸赞对方的才华。

五、夸赞对方的修养。

六、夸赞对方的学识。

七、夸赞对方的能力。

八、夸赞对方的认真。

第三节 "寂寂孤村竹映沙，槟榔迎客当煎茶"

——诗词中的迎送礼

和大光道中绝句（其二）

宋·陈与义

寂寂孤村竹映沙，槟榔迎客当煎茶。

岭南二月无桃李，夹路松开黄玉花。

译文：河边小村竹映沙滩，好客的村民拿出槟榔供旅者解渴。二月岭南的桃李尚未开花，只见山路上松树开出的明黄花儿。

【作者介绍】

陈与义（1090—1139），汉族，字去非，号简斋，南北宋之交杰出诗人，师尊杜甫，也推崇苏轼、黄庭坚和陈师道，号为"诗俊"。其先祖居京兆（今陕西西安），自曾祖陈希亮迁居洛阳，故为河南洛阳人。作为一名爱国诗人，其主要贡献在诗歌方面，给后世留下了不少忧国忧民的爱国诗篇。同时，他工于填词，其词存于今者虽仅10余首，却别具风格，尤近于苏东坡，语意超绝，笔力横空，疏朗明快，自然浑成，清婉秀丽，"杏花疏影里，吹笛到天明""及至桃花开后却匆匆"等名句都为人称诵。陈与义在北宋做过地方府学教授、太学博士，在南宋是朝廷重臣，性格稳重，不苟言笑，待人接物谦虚谨慎，他在士大夫阶层中具有较高的威望。著有《简斋集》。严羽《沧浪诗话》在"以人而论"诗体时，将陈与义的诗称为"陈简斋体"。

【诗词赏析】

该诗为作者躲避金兵入侵之乱南下广东时写的一首小诗。在康州（今德庆县），作者见到了几经离乱的京国旧臣，他乡重逢，顿生无限感慨。虽是离乱之世，饱受离乱之苦，该诗却以温暖亲切的笔触描绘出了一幅浓郁的广东小村风情画。

明礼知仪

从《和大光道中绝句（其二）》"寂寂孤村竹映沙，槟榔迎客当煎茶"中，我们可以了解到在待客时要热情相迎，学习到拜访接待的相关礼仪。

（一）为客之道

第一，提前预约，不做不速之客。前去拜访尊长，要记得提前通过电话等方式进行预约，不提倡顺道而访。

第二，选择礼物，不做空手之客。以礼表达对拜访对象的敬意。

第三，衣冠整洁，不做邋遢之客。根据拜访对象、目的着合适的衣服。

第四，如期而至，不做失约之客。守时守约是一种美德，提前5—10分钟到达，不能到达过早，更不能无故爽约。

第五，彬彬有礼，不做粗俗之客。进门之前轻叩门，进门之后礼貌问候，在指定位置就座，不乱动主人家的东西。

第六，掌控时间，不做难赶之客。初次拜访时间控制在半个小时左右，一般性拜访不超过1个小时。

第七，事后感谢，不做无礼之客。回到家之后，要发个信息对主人的热情招待表示感谢。

（二）待客之道

第一，未雨绸缪——事前准备不慌乱。做好环境准备，洒扫除尘，迎接来宾，做好物质准备，备好足够的茶水、糕点招待客人。

第二，出迎三步——起身相迎显热情。根据来宾身份决定迎接的远近。

第三，周到贴心——上茶递烟礼周全。在诗作中，好客的村民拿出槟榔供旅者解渴，从中我们能窥见主人的热情好客。

第四，态度友善——与客交谈态度好。此为宾主相见的核心部分，交谈的过程中忌打哈欠、频频看表，这些信号都有逐客的嫌疑。

第五，面面俱到——就餐环节考虑全。"盘飧市远无兼味，樽酒家贫只旧醅。"（杜甫《客至》）有客来，要盛情款待。

第六，身送七步——送客之时要客套。多送几步比少送几步的效果要好，客人会因你善始善终的招待而心生暖意。

【知识窗】

奉茶礼节

礼节一：依季节选择合适的茶饮。

礼节二：端茶时勿以手指碰触杯缘。

礼节三：握住杯子下半部二分之一处，右手在上，左手在下托住茶杯。

礼节四：将杯子放置于客人方便拿取之处。

礼节五：先为主宾及其随同人员奉茶，再为本单位人员奉茶。

礼节六：空间不便时照顺时针奉茶。

第四节　"江南无所有，聊赠一枝春"

——诗词中的馈赠礼

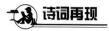 诗词再现

赠范晔诗

北魏·陆凯

折花逢驿使，寄与陇头人。

江南无所有，聊赠一枝春。

译文：遇见北去的驿使就去折梅花，托他带给远在陇山的友人。江南没有其他更好的礼品能表达我的感情，姑且赠一枝报春的梅花以表春天的祝福。

【作者介绍】

陆凯（？—约504），北魏人，本姓步六孤，字智君，代郡（今山西代县）人，鲜卑族。祖父是东平王陆俟，父亲是建安贞王陆馛。陆凯谨慎好学，15岁选为中书学生，拜侍御中散，历任通直散骑侍郎、太子庶子、给事黄门侍郎。出任正平太守，治理有方，号为良吏，支持孝文帝元宏改革。陆凯在中枢部门10多年，以忠厚为人称道，后来生病，多次上书请求退休，诏令不允许，命令太医供给汤药。正始元年（504年）去世，追赠使持节、龙骧将军、南青州刺史，谥号为惠。

【诗词赏析】

该诗为北魏诗人陆凯的咏梅之作，全诗无一梅字，却刻画出了令人拍案叫绝的梅。"一枝春"此后流传了千年，成了梅花的代名词，被广泛用于古诗词中，成为一个词牌名。全诗仅20字，且无一生僻字，朴素如白话，却在纸短情长中表达了令人动容的真挚友谊以及对友人的深情思念和良好祝愿。

古诗中赠友诗无数，如《赠汪伦》。而陆凯这一首小诗在赠别诗中别具一格，它像写给友人的短信，短小清新又亲切随和，颇有情趣。全诗构思精巧，清晰自然。

这首小诗寥寥20字，深挚而又清新，所赠之梅兼含君子的耿介坚贞与柔和淡雅，因此广为传颂。后世诸多诗词都出典于此，如秦观《踏莎行·郴州旅舍》中的"驿寄梅花，鱼传尺素"即是。

诗的开篇即点明诗人与友人由于时空相隔、路途遥远而相聚难，只能借助驿使来往传达问候。所不同的是，这一次诗人传递给友人的不是书信而是梅花，由此，可以窥见二人之间的深厚友情。一个"逢"字，看似不经意，实际上却是有心的寻找，由"逢"驿使而联想到友人，于是，便寄一枝梅问候，体现了对朋友的深深想念与诗人诚挚的情怀。

该诗最精彩之处是"一枝春"，是借代的手法，以一代全，象征春天的来临，也隐含着对相聚时刻的期待，耐人寻味。读到此，我们眼前仿佛出现了一幅江南春好梅绽枝头的美好图景。"一枝春"后来成为梅花的代名词，对后世的诗文创作有着深远的影响。

《赠范晔诗》短短20字，于简朴中道出了真挚的友情，平淡中显出了高雅的意境。"一枝春"作为梅花的象征，向人们预示着美好的春天即将来临，祝愿人们的美好祈望都能实现。

明礼知仪

馈赠礼仪起源于先秦，古人见面一定会带礼物。周朝时，外出访友必带"贽"——见面的礼物。礼物不必太多，夏天可以是一束肉脯，冬天可以是一只雉鸟；大夫可以送一只雁鸟，卿可以送一只羔羊。自秦以后，这就成为拜访尊长的礼仪。

馈赠是人际交往的通行证，它可以增进友情，润滑关系。如何馈赠，经常是人们比较犯愁的事情。通过《赠范晔诗》这首诗，或许我们可以学会如何恰当馈赠。

（一）馈赠礼仪之一：礼表心意，不宜贵重

"江南无所有，聊赠一枝春。"哪怕是这江南的一枝梅，也可以表达心意，"千里送鹅毛，礼轻情意重"。重礼之下，亦会让受礼者内心不踏实。

（二）馈赠礼仪之二：投其所好，合其心意

馈赠要"因人赠礼"，根据受者爱好、性别、年龄、审美品位等选择礼物。你之所送恰好是对方所喜会让赠者和受者都心生欢喜之情。

（三）馈赠礼仪之三：把握时机，恰当馈赠

赠送礼物也是要掌握时机的，不能什么时候想送就什么时

候送。不怕送得不好，就怕送得不巧。在国际交往中尤其如此。比如在日本，要在外人不在时馈赠；而在阿拉伯，必须有他人在场，才不会被看作贿赂。我国是一个节日较多的国家，传统节日主要有春节、中秋节等，选择在节日里赠送礼物，会使双方感情更为融洽。"每逢佳节倍思亲"，节日期间，晚辈看望长辈，送些礼品，可以表达一片孝敬之心；下属拜访上级，送些礼品，可以表达对上级的尊敬之情；朋友之间欢聚一堂，互赠礼物，其乐融融。还有一些组织的特殊纪念日，如开业典礼、周年庆典等，作为合作伙伴，也应送上一份礼物，以表示祝贺与纪念。同时，亲友嫁娶、乔迁、添丁、寿辰等备以礼品相送，会使人们感到充实和真挚的感情。同学、同事、战友走上新的岗位，为表达依依惜别之情，赠送一些礼品，留作纪念以表示友谊地久天长。

（四）馈赠礼仪之四：馈赠有忌，谨记在心。

各国各地各民族的习俗不同，而礼物又具有一定的象征意义，这就决定了馈赠之时要知晓一些禁忌习俗。它主要表现在礼品的种类、包装、数量等方面。比如：中国人通常不送钟，因为它与"终"同音，有送终之嫌；西方人不送伞，因为他们认为送伞就是送厄运；委内瑞拉人在包装上忌孔雀图案；英国人忌人像纸包礼品。在数量上，中国人送礼讲究好事成双，丧礼却"送单忌双"；西方人送女士鲜花一般送单数，示爱才送双数。

【知识窗】

鲜花朵数寓意

1朵——你是我的唯一。

2朵——世上只有你和我。

3朵——我爱你。

4朵——誓言、承诺。

6朵——吉祥、顺利。

9朵——坚贞的爱。

10朵——十全十美。

11朵——一心一意。

99朵——长相厮守。

100朵——百年好合。

365朵——天天想你。

第六章 那一池荷塘月色

——散文中的礼仪

第一节 雅舍品茗学礼

——《雅舍小品》中的礼仪

 **作品介绍**

　　《雅舍小品》为梁实秋先生的散文集，初版于1949年，其中所收文章都属于专栏式的作品，独立成篇，而且都是短篇，每篇作品不出2000字，写的都是身边琐事，既不涉及政治思想，也不谈中西文化问题，无关时代风云描摹，而专注于对日常身边事的品味与洞察。其内容涉及衣食住行、人伦道德、世态炎凉、生老病死等种种人人熟悉的际遇，从人性的角度透视人生百态，于短小精悍的篇幅中发掘理趣，信手拈来却又别有趣味，文笔严肃中见幽默，幽默中见文采，处处闪烁着机智的光芒。《雅舍小品》被韩寒视为"写短文的范本"。

【作者介绍】

梁实秋（1903.1.6—1987.11.3），中国现代文学史上著名的散文家、翻译家，原名梁治华，号均默，字实秋，祖籍浙江，生于北京，后迁至台湾，历任台湾师范学院英语系主任、文学院院长等职。代表作有《雅舍小品》《雅舍谈吃》《偏见集》《槐园梦忆》等，主编有《远东英汉大辞典》。梁实秋先生一生给中国文坛留下2000多万字的著作，曾以一人之力翻译完整部《莎士比亚全集》。美学家朱光潜曾在给梁实秋的信中说："大作《雅舍小品》对于文学的贡献在翻译莎士比亚的工作之上。"

明礼知仪

（一）日常人际交往礼仪

日常人际交往礼仪指的是人们在社会交往过程中应当遵守的礼仪规范，它包括了问候、微笑、致意、握手、介绍、接待等礼节，恰当地运用它，可以提高个人的社交魅力，获得交往对象的好感。

1. 与人交往要守时

守时是人际交往时所要遵守的首要礼仪原则。在社交场合，与人约定的会见、会谈、约会等，绝不拖延迟到，是否守时体现了一个人的素养高低，正如梁实秋先生在《守时》中所言，"守时却是古往今来文明社会共有的一个重要道德信念"。但是国人在守时方面做得却并不好，比如《守时》中对一些普遍现象的总结：当你去银行邮局办理业务时，"在门前逡巡好久，进门烧头炷香的顾客不见得立刻就能受理，往往还要伫候一阵子，因为柜台后面的先生小姐可能很忙，忙着打开保险柜，忙着搬运文件，忙着清理卡片，忙着数钞票，忙着调整戳印，甚至于忙着泡茶"。所以和人约定某事时，"要不要先整其衣冠，要不要携带什么，要不要预计途中有多少红灯，都要通过大脑盘算一下"，如此才能做到从容不迫。

2. 握手礼仪

握手是人际交往礼仪的一个部分，它是人们见面时相互致意，表达谢意、祝贺的一种礼节。在《握手》这篇作品中，梁实秋先生以形象的语言讲述了握手时的礼仪。

（1）握手时力度要适中。与人握手时，力度要合适，太轻让人感觉不到热情，太重了则会显得鲁莽，就像《握手》中描述的，握手力气太大的人，他们"握着你的四根手指，恶狠狠地一挤，使你痛彻肺腑……你入了他的掌握，休想逃脱出来"。

（2）握手时手要轻轻摇动两三下。如果握手时手绵软无力，则让人感觉缺乏诚意，此谓死鱼式握手，它显示出对交际对象的轻慢与冷漠。

（3）握手时手位的握置要有分寸。同性之间相握，虎口相对，握住对方的手掌；而异性之间相握，只握手掌的三分之二即可，"在外国，女人伸出手来，男人照例只握手尖，约一英寸至二英寸，稍握即罢"。

（4）戴着手套时不宜握手。如果戴着手套，需要摘取下来再与对方握手，但是女士若穿礼服、戴白手套则不必去掉，《握手》中对此也有叙写。

3. 馈赠礼仪

恰当的馈赠可以巩固友情、沟通感情、增进双方的友谊与合作，它是向他人表达感谢、友谊、敬重、祝福的常用礼节，但是如若不了解馈赠时的知识就会损害双方的关系。赠送时要考虑受礼者的兴趣、爱好、身份、年龄等，要选择合适的机会，并要注意相关的风俗禁忌。《送礼》一文就提到了馈赠时的细节。

（1）赠送礼品时要因人赠礼。考虑到对方的喜好、身份、文化背景、审美趣味等，如此才能让礼物起到应有的作用，"所以送礼之前，势必要先通过大脑思量一番"。

（2）所赠礼物不宜太贵重。过于贵重的礼物会让受礼者内心不安，有受贿之嫌，"容易使人疑窦"。

（3）赠送时要考虑到风俗禁忌。触犯了禁忌的礼品会让人心生不快。比如不能给别人送钟，因为钟与"终"同音；有时则要看对象，有的不能送书，因为他们"生怕因此而赌输"。

4. 接待礼仪

接待是指个人或单位以主人的身份招待来客，以达到某种目的的社会交往方式，在接待工作中，每一位接待人员都代表着组织形象，其仪表、言谈举止都影响着宾客的情绪，因此，无论在何种行业，作为接待人员都要做到亲切迎客、热忱待客、礼貌送客。《商店礼貌》中以瑞蚨祥为例，讲述了该店售货员的友善态度，"到瑞蚨祥买绸缎，一进门就可以如入无人之境，照直地往里闯，见楼梯就上，上面自有人点头哈腰，奉茶献烟，陪着聊两句闲天，然后依照主顾的吩咐支使徒弟东搬一块锦缎，西搬一块丝荣，抖擞满一大台面。任你褒贬挑剔……多买少买，甚至不买，都没有关系，客人扬长而去，伙计恭送如仪"。作者还谈到了银行职员接待客人时的举止，"到银行去取款，行员一个个的都是盛装，男的打着领结，女的花枝招展，点头问讯，如遇故旧。把折子还给你，是用双手拿着递给你，不是老远地像掷铁环似的飞抛给你。如果是星期五，临去时还会祝你有一个快乐的周末"。

（二）交谈礼仪

交谈是指交际双方用语言作为主要手段相互交流的过程，得体的交谈是促进社会交往、思想交流、信息沟通以及友谊加深的重要媒介，是建立良好人际关系的重要手段。《谈话的艺术》《年龄》中对交谈礼仪做了详尽、深入的描述。

1. 交谈时不可以自我为中心

因为"谈话不是演说，更不是训话，所以一个人不可以霸占所有的时间，不可以长篇大论地絮聒不休"，这样的谈话者"大概是口部筋肉特别发达，一开口便不能自休，绝不容许别人插嘴……他讲一件事能从盘古开天地讲起"，属于霸道的谈话者。

2. 与人交谈时不可一言不发

谈话是双向互动的关系，它"和演戏一样，是需要听众的"，如果只听不说，就会让交谈冷场。

3. 谈话时要注意话题的选择

"话的内容不能牵涉别人……不可揭人隐私"，交谈中应尽量避免涉及别人的隐私，比如《年龄》中就提到，不可问及别人的年龄，尤其是女士，"女人的年龄是一大禁忌，不许别人问的"，否则会令交谈出现不愉快的气氛，也会给人留下浅薄无聊的不佳印象。

4. 谈话时音调要适中

"要紧的是说话的声音之大小需要一点控制。一开口便血脉偾张，声震屋瓦，不久便力竭声嘶，气急败坏，似可不必。"当然也不宜太低，不可"一律用低音，甚至变成耳语，令听者颇为吃力"。

5. 交谈要注意距离

在交谈中，双方距离的远近对交谈的效果会产生重要的影响。交谈的距离分为公众距离、社交距离、个人距离、亲密距离。一般的人际交往采用社交距离即可，不可轻易侵犯别人的私人领域，"人与人相处，本来易生摩擦，谈话时也要保持距离，以策安全"。

（三）餐饮礼仪

餐饮礼仪是古往今来社会交往中人们所需要讲究的礼仪准则，它是饮食文化中的一项重要内容，也是尊重与文明的体现。与他人一起进餐时，要注意自己的形象，不可将不雅之态落入他人眼中。

《牙签》一文就写到了用餐时的举止仪态要注意的问题。

1. 剔牙时动作要文明

"不可当着人的面前公然作之"，因为"其状不雅，咧着血盆大口，狞眉皱眼……使旁观的人不快"，合适的做法是背转身用手掩口或者到洗手间进行处理。梁实秋先生显然是不赞成当着他人的面以手掩口来剔牙的，因为"纵然手搭凉棚放在嘴边，仍是欲盖弥彰，减少不了多少丑态。至于已经剔牙竣事而仍然叼着一根牙签昂然迈步于大庭广众之间者，我们只能佩服他的天真"。

2.用餐时要约束自己，不可在盘中挑挑拣拣

"我们即使运用筷子，也不能不有相当的约束，若是频频夹取如金鸡点头，或挑肥拣瘦地在盘碗里翻翻弄弄如拨草寻蛇，就不雅观。"

3.宴请他人时要注意习俗

地域不同，民族不同，就会有不同的习惯，反映在餐饮中也是如此。中国人吃饭是用筷子；而西方国家则是用刀叉；阿拉伯国家等则是以手抓食，右手行清洁之事，用来吃饭、敬酒，而左手则只在如厕之时使用。《吃相》中就此专门有所论及，"听说他们是右手取食，左手则专供做另一种肮脏的事，不可混用"。

（四）电话礼仪

电话是当今社会重要的通信工具，看起来接打电话似乎很简单、容易，其实不然，它的使用可说是一门学问与艺术。《电话》一文对电话礼仪进行了详细的叙述。

1.拨打电话时要选择最佳的通话时间

选择恰当的通话时间是让对方愿意交流和容易达到通话目的的重要因素。因之，早8点之前、晚10点之后、午睡时间，这些时

间段都不宜拨打电话，梁实秋先生以睡觉时被电话惊醒为例进行了说明，"如果你好梦正酣，突被电话惊醒，大有可能对方拨错了号码，这时候你能不气得七窍生烟吗？"

2.接打电话时声音要适度

接打电话时，语言与声调对一个人的电话形象影响最大。接打电话时，声音应柔和而清晰，语气要亲切、自然，音量忌过高或过低，过低的声音如同耳语，不宜为别人听到；过高的声音则又震耳欲聋，让人感觉到刺耳，所以双方不可"彼此对吼，力竭声嘶"。

3.接打电话时问候语要规范

作为主叫方，打通电话后要礼貌问候对方，并自报家门，不可以采用捉迷藏的方式让对方长时间猜测，如："喂，你猜我是谁？猜猜看！怎么连我的声音都听不出来？"作为被叫方，同样要礼貌地自报家门，不可不礼貌地这样问候："喂，你是谁？你要干什么？"

4.接到错打的电话时要注意方式

有时候，我们接到打错的电话时可礼貌地告知其打错了电话，礼貌道别，不可责怪对方，引起对方心里的不快。"电话号码拨错，小事一端，贤者不免，本无须懊恼，可恼的是对方时常是粗声粗气，一觉得话不对头，便呱嗒一声挂断，好像是一位病危的人突然断气，连一声'对不起'都没来得及说。"

（五）公共礼仪

公共礼仪，具体指的就是人置身于比如街头、公园、车站、码头、机场、楼梯、走廊等公共场合时所应遵守的礼仪准则，它是人们在交际应酬中所应具备的基本素养。在公共场合，要注意礼让，上电梯时，《让》一文提倡"应该让要出来的人先出来，然后要进去的人再进去"，但是在"公共场所如电影院的电梯门前总是拥挤着一大群万物之灵，谁也不肯遵守先来后到的顺序而退让一步""任何一个邮政支局，柜台里面是桌子挤桌子，柜台外面是人挤人，尤其是邮储部门人潮汹涌，没有地方从容排队，只好由存款簿图章在柜台上排队"，通过对这些日常司空见惯的画面的描述，体现了梁实秋先生对"礼让美德"的呼吁。

（六）仪表礼仪

良好的仪表能体现一个人良好的精神面貌，给人以端庄、大方、稳重的印象，展示出对他人的尊重与礼貌。正如西汉戴圣所言："凡人之所以为人者，礼义也。礼义之始在于正容体、齐颜色、顺辞令。"所以，在与人交往时尤其要注意自身的仪表形象。《头发》中就说明了发部礼仪的重要性，"把头发整理得美观，给人良好的印象"；《领带》一文则又说明了着装得体的重要性，"银行行员与大公司行号应对顾客的职员，他们永远是浑身上下一套西服，光光溜溜一尘不染……如果他不修边幅，蓬着头发敞着胸口，谁愿意和他做交易"；《领带》中还讲到了领带与衣服的搭配，"衣装花俏则领带要素，衣装朴素则领带不妨鲜明"。

【作品金句】

1. 衣裳是文化中很灿烂的一部分。

2. 人是永远不知足的。无客时嫌岑寂，有客时嫌烦嚣，客走后扫地抹桌又另有一番冷落空虚之感。

3. 别以为人到中年就算完事，不，譬如登临，人到中年像是攀跻到了最高峰。

4. 旧的事物之所以可爱，往往是因为它有内容，能唤起人的回忆。

5. 一个人在发怒的时候，最难看。

6. 说同一方言的人才是同乡，乡音是同乡之间最强有力的联系。

7. 不管香不香，开卷总是有益。

8. 单就握手时的触觉而论，大概愉快时也就不多。

9. 忘不一定是坏事。能主动彻底的忘，需要上乘的功夫才办得到。

10. 听戏，不是看戏。从前在北平，大家都说听戏，不大说看戏。这一字之差，关系甚大。

第二节　诗意地生活

——《生活的艺术》中的礼仪

作品介绍

　　《生活的艺术》是由我国著名现代作家林语堂所著，包括醒觉、关于人类的观念、我们的动物性遗产、论近人情、谁最会享受人生、生命的享受、悠闲的重要、家庭之乐、生活的享受、享受大自然、旅行的享受、文化的享受、与上帝的关系、思想的艺术14章，内容涉及哲学、文学、艺术，融入日常生活中有意义之琐事，以浅喻深，阐释人生要理，指点人生态度，分析人类文明与文化。原著用英文写成，笔调清新、明快，是一部人生百科知识集锦和人生修养指南。

　　《生活的艺术》系林语堂旅美期间所著，旨在向西方宣扬中华民族文化。该书出版后，立即被美国"每月读书会"选为1937年12月特别推荐的书。1938年占据美国畅销书排行榜榜首达52周。此后，该书接连不断地再版，在美国先后重印到40版以上，并被英、法、德、意、丹麦、瑞典、西班牙、葡萄牙等国共译成十几种文字，广受读者欢迎。

【作者介绍】

　　林语堂（1895.10.10—1976.3.26），福建龙溪（今漳州）

人，原名和乐，后改玉堂，又改语堂，中国现代作家、学者、翻译家、语言学家，新道家代表人物。早年留学美国、德国，获哈佛大学文学硕士、莱比锡大学语言学博士。回国后于清华大学、北京大学、厦门大学任教。1945年赴新加坡筹建南洋大学，并任校长。曾任联合国教科文组织美术与文学主任、国际笔会副会长等职。曾两度获得诺贝尔文学奖提名，代表作品有《京华烟云》《啼笑皆非》《人生的盛宴》《生活的艺术》《苏东坡传》以及译著《东坡诗文选》《浮生六记》等。

明礼知仪

（一）品茶礼仪

《茶和交友》是《生活的艺术》中的一篇短文，在文中，林语堂先生提到——"人类历史的杰出发明，其能直接有力地有助于我们享受空闲、友谊、社交和变天者，莫过于吸烟、饮酒、饮茶的发明……饮茶已经成为社交上一种不可少的规矩。"饮茶是交际的一种方式，在品茶时有一些礼节需要遵守。

1.环境静谧

品茶需要有一个适宜的环境和氛围，在安静闲适的环境中，方能"领略到茶的滋味"，"因为茶须静品，而酒须热闹。茶之为物，其性能引导我们进入一个默想人生的世界。饮茶之时有儿童在旁哭闹，或粗蠢妇人在旁大声说话，或自命通人者在旁高谈国是，即十分败兴，也正如在雨天或阴天去采茶一般糟糕"。

2. 着装得体

茶的本性是恬淡平和的，因此，泡茶师和品茶者的着装都要整洁大方，不宜过于夸张和鲜艳，忌穿过于性感暴露的服装，忌穿乞丐装、奇异装，着装最好与环境相配。

3. 淡妆出席

林语堂先生如是说："茶叶娇嫩，茶易败坏，所以整治时，须十分清洁，须远离酒类一切有强味的事物和带这类气息的人。"女性忌浓妆艳抹，忌用香气过浓的香水，以免遮盖了茶的本色香味，破坏了品茶时的感觉。男性也应避免乖张怪诞，如留长发等，总之，无论是男性还是女性，都应仪表整洁、举止端庄，要与环境、茶具相匹配，言谈得体，彬彬有礼，体现出内在的文化素养来。

4. 茶具清洁

泡茶前，将茶具清洗干净，倒茶前烫一下茶壶与茶杯，这样既卫生又显得彬彬有礼。不烫杯直接倒茶是失礼的行为。林语堂先生提到，"茶杯须每晨洗涤，但不可用布揩擦"，除了茶具清洁之外，协助泡茶时，"童儿的两手须常洗，指甲中的污腻须剔干净"。

5. 茶水适量

浅茶满酒，茶不宜倒得过满，以七八分满为宜。太满则易溢出来，弄湿桌面或地面，宾主皆难堪。

6. 双手奉茶

端茶时，应双手递送，以表示对客人的尊敬。

7. 及时续茶

客人喝完杯中茶，主人应尽快续杯。如果发现客人的杯子有茶渣，应该替客人重新洗杯，或者换杯。主人应熟悉茶品状况，若茶汤已现水味，应及时换茶。

8. 相关禁忌

（1）忌烟雾缭绕。喝茶时严禁抽烟。喝茶时吸烟，不仅不礼貌，而且也容易让茶串味，既影响了喝茶的心情，也影响了茶汤的品质。

（2）忌言行不当。所谈话题，不道是非与短长，不眉飞色舞，击节拍案。气氛安静为上，方能品出茶之真味。

（3）忌品茶皱眉。客人喝茶时不能皱眉，这是对主人的示警动作，主人发现客人皱眉，就会认为人家嫌弃自己茶不好，不合口味。

（二）鲜花礼仪

林语堂在《论花和折枝花》中描述：兰花、菊花和莲花也如松竹一般，具有某种特别的品质而特别为人所重视，在中国的文学中视之为高人的象征。其中兰花更因为具有一种特殊的美丽而为人所敬爱。

鲜花，千姿百态，每种花都有不一样的寓意，因此在面对不同的交往对象时要懂得花语花意。每一种花都具有某种含义，蕴藏着无声的语言，送花亦有忌讳，因此要区别对待。

1. 赠送长辈

宜送长寿花、万年青、龟背竹、鹤望兰，长寿花象征着"健康长寿"，万年青象征着"永葆青春"。

2. 赠送母亲

通常送康乃馨，红色康乃馨代表祝愿母亲健康长寿；黄色康乃馨代表对母亲的感激之情；粉色康乃馨代表祈祝母亲永远美丽年轻；白色康乃馨除具有以上各色花的意思外，还可寄托对已故母亲的哀悼思念之情。

3. 赠送老师

宜送兰花，因为兰花品质高洁，又有"花中君子"之美称。

4. 新婚之喜

宜用玫瑰、百合、郁金香、香雪兰、非洲菊等，寓意百年好合、相亲相爱。

5. 热恋男女

一般送玫瑰、百合或桂花，这些花美丽、雅洁、芳香，是爱情的信物和象征。

6. 友人生日

宜送月季和石榴，这两种花象征着"火红年华，前程似锦"。

7. 公司开业

宜送发财树、月季、大丽花、香石竹、美人蕉、山茶花，配以万年青、苏铁叶、桂花叶、夹竹桃或松柏枝，以示祝贺发财致富、兴旺发达、四季平安，寓意"兴旺发达，财源茂盛"。

8. 结婚纪念

可选择百合花、并蒂莲和红掌，寓意"爱情之树常青""恩爱相印如初"。

9. 探望病人

可选择香石竹、月季、水仙花、兰花等，配以文竹、满天星或石松，以祝愿贵体早日康复，忌香味过浓。

10. 乔迁之喜

适合送稳重高贵的花木，如剑兰、玫瑰、盆栽、盆景，以表示隆重。

11. 丧葬之事

宜用白菊、黄菊，以寄托哀思。

（三）旅游观光礼仪

林语堂先生在《论游览》中言："一个真正的旅行家必是一个流浪者，经历着流浪者的快乐、诱惑和探险意念……流浪精神使人能在旅行中和大自然更加接近……以便可以悠然享受和大自然融合之乐。"

旅行可以陶冶情操、开阔眼界，可以让我们体会精神上的愉悦，在旅行路上，我们也要做文明人，如此方能和自然融为一体。

1. 服饰舒适

旅行属于休闲场合，故穿运动装、休闲装即可，不宜着裙装、高跟鞋，当然也不宜穿过于暴露的服装，有碍观瞻。

2. 自觉自律

无论是进场馆参观，还是乘坐公交、地铁和电梯，都要自觉排队。不要前拥后挤，制造混乱。

3. 保持安静

忌大声交谈、嬉笑打闹，尤其是在博物馆参观时，更要注意交谈的音量要低。

4. 顾及他人

旅途中，游客间要以礼相待，主动谦让，如走在狭窄的曲径、小桥、山洞时，要主动给老幼让道，不争先抢行。如果不小心冒犯了他人，应及时致歉。

5. 遵守时间

若是团队游，一定要听从导游的安排，在导游规定时间内到达指定地点，不要让全队人等候。

6. 举止有度

特别是在出国旅行时，每个人都是自己国家和民族的形象，故更要规范自己的行为。

7. 爱护景观

不攀折花木，不随意涂写、刻画，不触摸珍贵的文物展品。

8. 尊重习俗

游客所到之处要入乡随俗，尊重当地的风俗习惯和宗教成规，否则可能会因小事而酿成大错。尤其像一些有宗教禁忌的地方，比如不能攀爬佛像、不能践踏寺庙的门槛。

【作品金句】

1. 一个热爱人生的人，对于他应享受的那些快乐的时光，一定爱惜非常。

2. 一个人不一定有钱才可以旅行，就是在今日，旅行也不一定是富家的奢侈生活。

3. 在研究学问和写作上，简朴是最难实现的东西。

4. 赏玩一样东西时，最紧要的是心境。我们对每一种事物，各有一种不同的心境，不适当的同伴，常会败坏心情。

5. 常和大自然的伟大为伍，当真可以使人的心境渐渐也成为伟大。

6. 一个理想的受教育者，不一定要学富五车，而只需明于鉴别善恶；能够辨别何者是可爱，何者是可憎的，即在智识上能鉴别。

7. 一切艺术必须有它的个性，而所谓的个性无非就是作品中所显露的作者的性灵，中国人称之为心胸。一件作品如若缺少这个个性，便成了死的东西。

8. 读书没有合宜的时间和地点。一个人有读书的心境时，便什么地方都可以读书。

9. 世上有合于各色各种脾胃的作家。但一个人必须花些工夫，方能寻到他。

10. 现代城市生活之节奏是如此紧张，致使我们一天更比一天无暇去顾到烹调和滋养方面的事情。

第三节 如兰一样散发香气
——《做一个有香气的女子：心若幽兰远》中的礼仪

作品介绍

《做一个有香气的女子：心若幽兰远》系当代著名作家毕淑敏的散文集，该书是献给都市女性的暖心小语，全面提升女性的香能量，指引都市女性在物欲横流的社会中守得一颗宁静心，不断修炼自己，并凭借自己的力量御风而行，以崭新的态度去体会生命，让生命如兰一样散发香气，给女性以温暖前行的力量。这既是一部空灵的散文集，又是一部能疗愈情绪的作品。

【作者介绍】

毕淑敏（1952—   ），中国当代华语世界颇具影响力的女作家之一，被王蒙赞誉为"文学界的白衣天使"，以46岁"高龄"开始学习心理学。北师大文学硕士，国家一级作家、北京作家协会副主席、注册心理咨询师、内科主治医师。内科医生的从业经历赋予她严谨与缜密，心理学的学习赋予她敏锐与细致。其作品侧重于从女性视角切入，文字精细平实又若春风化雨，以娓娓道来的文笔向人们展现了一个别样的女性空间图景，帮助人们解锁心灵安慰与密码。

◉ 明礼知仪

生日当天，收到了侄子寄送的礼物。礼品包装精致典雅，当下即迫不及待打开，竟然是一本书，侄子弃衣物、饰品、化妆品等而独选书籍，足以看出他对我的了解。书名跃入眼帘——《做一个有香气的女子：心若幽兰远》，仅仅是书名，即让我充满了阅读期待。淡绿的封面、精美的插图、上好的纸张、舒适的字体……捧书于手，那一刹那，我仿佛嗅到了书的油墨香，还有空气中飘散的似有若无的丝丝兰香。随即，为自己沏了一杯香茗，倚窗而坐，开启了快乐阅读之旅。

（一）美丽优雅——做形象与内涵并存的女子

做一个有香气的若玫瑰一样的女子。无论是有着丰富典故的西方情人节还是有着凄美爱情传说的中国传统七夕节，玫瑰都是恋人之间表情达意所必不可少的主角。花店里，各色的玫瑰竞相灿然怒放；街头，路灯下，时不时会有手持玫瑰兜售的小贩。这一天，是玫瑰的世界、玫瑰的海洋、玫瑰的天地。玫瑰，以独特的魅力吸引着相恋青年男女的眼眸。玫瑰是美丽的，女子天生亦应该是美丽的，倘若不美丽，我们便辜负了女子这样美好的字眼，辜负了造物主的钟爱与青睐。正如该书第一篇章《柔和的力量》中如此描述："美丽的女人，首先是和谐的，面容的和谐，体态的和谐……它是一种整体的优美。""美丽的女人，其次应该是柔和的。太辛辣、太喧嚣的感觉不是美，而是一种刺激。"美丽的女子若雪山圣湖，散发着一种吸引人的独特韵味，她从不锋芒毕露，不咄咄逼人。美丽的女子是一道养眼的风景，养了别人的目，悦了自己的心。

做一个有香气的若百合一样的女子。美丽的女子，不能单纯地与拥有漂亮的容貌、傲人的身材画等号。美丽的女子，是优雅的、典雅的，无论何时，她都会让自己保持雅致的妆容、得体的着装、优雅的举止，以良好的风貌将女性特有的阴柔之美呈现于公众面前。美丽的女子，经得起时间的打磨与推敲，她的美，绝不是昙花一现般的稍纵即逝。"美丽的女人，应该是持久的……美丽的女人少年时像露水一般纯洁，年轻时像白桦一样蓬勃，中年时像麦穗一样端庄，老年时像河流的入海口，舒缓而磅礴。"[1]时光如指尖划下的细沙，悄无声息，若流沙一样的光阴带不走的是美丽女子生命过程中沉积下来的底蕴与气质。终有一天，美丽的女子也会容颜衰老，青春不再，但是当优雅内化为一种日常的良好习惯和行为时，它就会让你在每个年龄段都绽放出迷人的光华。美丽的女子懂得将逝去的韶华靠日积月累的修养转化为内在的气质，她能够坦然自若地面对岁月印在面容上的痕迹，淡定从容地面对岁月刻在眼角的皱纹。"时间不是美丽的敌人，只是美丽的代理人。它让美丽在不同的时刻呈现出不同的状态，从单纯走向深邃。"[2]岁月，让美丽的女子更加迷人、动人！

---

①毕淑敏：《做一个有香气的女子：心若幽兰远》，国际文化出版公司2015年版，第21页。

②毕淑敏：《做一个有香气的女子：心若幽兰远》，国际文化出版公司2015年版，第21页。

（二）温暖有爱——做善良谦和、包容达观的女子

做一个有香气的若茉莉一样的女子。美丽的女子，是感性的、细腻的，她对生活葆有一颗童心，对生活充满了感动与热爱。她会因为初春的那第一抹绿而欣喜，也会因为秋日飘零的落叶而感怀；她会为了作品中的情节而伤感，也会为了一句感谢的话而泪奔。在第四篇章《感动是一种能力》中，我读到了这样的文字："我喜欢常常感动的女人，不论那感动我们的起因，是一瓣花还是一滴水，是一个旋转的笑颜还是一缕苍老的白发，是一本举足轻重的证书还是片言只语的旧笺……感动可骑着任何颜色的羽毛，在清晨或是深夜，不打招呼就进入心灵的客厅，在那里和我们的灵魂倾谈。"

做一个有香气的若莲一样的女子。美丽的女子，是善良的、友好的，她以从不设防的友善之心对待周围所有的朋友；美丽的女子，是包容的、豁达的、平和的，面对别人的伤害与冒犯，她通常以淡然的微笑对之，从不计较、不记恨。她的心灵小箱子，储存的永远是暖暖而明媚的美好。正如第九篇章《心是一只美丽的小箱子》文末的期待："我衷心希望每个人的小箱子里，都装满光明和友爱。"美丽女子的心灵小箱子里充盈的永远都是光明、友爱。

（三）善于倾听——做会聆听的女子

做一个有香气的若兰一样的女子。美丽的女子，是智慧的、谦虚的，她善于倾听、善解人意。当别人说话时，她总是那么专注而认真，从不会强行打断与随意插话；当你难过给她发信

息时，她总是会忙中抽闲在第一时间给你回复；当你找她倾诉时，她会屏息关注你的眼神；你开心，她会报以会心的微笑；你悲伤，她会陪你落泪……因为她懂得，人际交往中，倾听亦是一种尊重。在第十三篇章《让我们倾听》中这样娓娓道来："倾听使人生丰富多彩，你将不再囿于一己的狭隘贝壳，潜入浩瀚的深海。倾听使人谦虚，知道山外有山，天外有天……倾听着是美丽的，你因此发现世界是如此五彩缤纷。倾听是幸福的一种表达，因为你从此不再孤单。"美丽的女子，同时又是善于阅读的，因为她懂得，读书也是一种广义的倾听，借助文字，倾听先贤哲人的教诲，倾听远方国度的声音。美丽的女子，会把家打理得纤尘不染，同时又把工作做得有声有色。在家里，她是好女儿、好妻子、好母亲；在单位，她又是受同事、领导喜欢的那一个。

……

做一个有香气的女子，心若幽兰远。

喜爱毕淑敏的这本《做一个有香气的女子：心若幽兰远》，这是一本会散发香气的书。借用作者本人的话收尾："望你在心灵深处，埋下兰花的种子。终有一天，你灵魂的香气，会旷日持久地飘荡和远播。"

【作品金句】

1. 我衷心希望每个人的小箱子里，都装满光明和友爱。

2. 旅游使我们虚心，阅读使我们安静。行路和读书的美丽可杂糅一处，即使是在地老天荒的冰岛，即使是在海盗们的诗行中。

3. 怕的直接决策是躲，但躲不过的时候，就只有迎头而上。

4. 你的第一责任是使你自己幸福。你自己幸福了，你也就能使别人幸福，因为，幸福的人愿意在自己周围只看到幸福的人。

5. 我想最好的方式，就是保持衣物的洁净，不追赶时髦。华贵表达你的财富，而洁净证明着你的品质。

6. 我们可以受伤，我们可以流血，但我们要在最短的时间里，医治好自己的伤口，尽可能整旧如新。

7. 一个人年轻的时候就思索死亡，和他老了才思索死亡，甚至明知死到临头都不曾思索过死亡，这是完全不同的境界。

8. 年轻的时候，你除了可以决定自己的方向和选择之外，再就是可以决定心情。你可以决定日月，决定悲喜。

9. 有了兰种，请去耕耘。终有一天，你心灵的香气，会旷日持久地飘荡和传播。

10. 美丽的女人经得起时间的推敲。时间不是美丽的敌人，只是美丽的代理人。它让美丽在不同的时刻呈现出不同的状态，从单纯走向深邃。

第四节　悠然岁月至简心
——《人间有味是清欢》中的礼仪

作品介绍

《人间有味是清欢》系台湾著名散文家林清玄的精选散文集，辑录了他创作生涯不同时期的经典代表作《人间有味是清欢》《永铭于心》《有情十二帖》《忧欢派对》《生命的酸甜苦辣》《迷路的云》《来自心海的消息》，篇篇皆经典，篇篇耐人寻味，给人以心灵的洗涤与启发。

【作者简介】

林清玄（1953.2.26—2019.1.23），中国台湾当代作家、散文家，出生于台湾省高雄县旗山镇一个世代务农的家庭，8岁时立志要成为作家，也自此养成了一生读书的习惯。1970年，尚在读高中的他就在报纸上发表了《行游札记十帖》。代表散文集有《温一壶月光下酒》《红尘菩提》《平常茶非常道》《清欢玄想》《心有欢喜过生活》《人间有味是清欢》《心无挂碍　无有恐惧》等。

明礼知仪

（一）宽容待人

林清玄说："如果你现在问我什么是成功，我会说，今天比昨天更慈悲、更智慧、更懂爱与宽容，就是一种成功，如果每天都成功，连在一起就是一个成功的人生。不管你从哪里来，要去往哪里，人生不过就是这样，追求成为一个更好的、更具有精神和灵气的自己。"

相传，古代有位老禅师，一日晚在禅院里散步，突见墙角边有一把椅子，他一看便知有位出家人违犯寺规越墙出去看外面的精彩世界了。老禅师没有声张，走到墙边，移开椅子，就地而蹲。少顷，果真有一小和尚翻墙而入，黑暗中他踩着老禅师的背脊跳进了院子。当他双脚着地时才发觉刚才踩的不是椅子，而是自己的师傅，小和尚顿时惊慌失措，张口结舌。但出乎小和尚意料的是，师傅并没有厉声责备他，只是以平静的语调说："夜深天凉，快去多穿一件衣服。"我们可以想象听到老禅师此话后的小和尚的心情，在这种宽容的无声的教育中，小和尚不是被他的错误惩罚了，而是被教育了。

宽容是一种美德，它意味着在面对别人的过错与冒犯时能够不斤斤计较，能及时尽快地原谅对方，它意味着一个人要有足够的胸怀与肚量，并有多替他人考虑的品德。

读书时，同学们共处一间宿舍，空间的狭小与局促难免会滋生一些小矛盾和摩擦，此时可用宽容进行化解，如此，学生时代才会留下更多的美好记忆；工作了，因为利益冲突或其他事情，同事之间难免会有一些不和谐，此时可用宽容进行化解，如此，才能营造舒心愉悦的工作环境。

宽容是一种做人的境界，是有较高修养的表现，它可以让我们获得友谊、扩大交往、赢得良好的人缘，它彰显了一种非凡的气度，一种高贵的品质。

有容，德乃大。因为宽容，我们的心胸才会更宽广；因为宽容，我们的人际关系才会更顺畅。

学会宽容吧，虽然做起来有点难。

（二）尊重他人

尊重是礼仪的核心宗旨。它指的是在实施礼仪行为的过程中，对他人应该真诚、热情，不能蔑视、粗鲁、无礼。尊重他人是自身良好品质和素养的体现，也是建立良好人际关系的基础，不尊重他人的人也会失去他人的尊重。在现代礼仪中，尊重原则是核心。在交往中，任何不尊重他人的言行都会引来别人的反感，更不会赢得别人对自己的尊重。

古人云："敬人者，人恒敬之。"只有相互尊重，人与人之间的关系才会融洽和谐。

做到尊重他人，应当从以下方面做起。一是在交往中要热情、真诚。热情的态度会使人产生受重视、受尊重的感觉。相反，对人冷若冰霜就会伤害别人；而如果过分热情，也会使人感到虚伪，缺乏诚意。二是要给人留面子。所谓面子，就是自尊心。每个人都有自尊心，失去自尊心对一个人来说是件非常痛苦的事情。伤害别人自尊心是严重的失礼行为。维护自尊，希望得到他人的尊重，是人的基本需要。三是要允许他人表达思想，表现自己。当别人和自己的意见不同时，不要把自己的意见强加给对方。当你和与自己性格不同的人交往时，也应尊重对方的人格和自由。请记住：尊重他人才能赢得他人的尊重。

一个懂得尊重别人的人也必然是一个有着自尊品质的人。尊人并不是阿谀奉承，溜须拍马，如果靠贬低自己以取悦对方，这绝不是尊人，因为在这种自贬自贱的同时，也侮辱了对方的人格。真正的尊人是人们发自内心的一种高尚情感的自然流露。

【作品金句】

1. "清欢"是生命的减法，在我们舍弃了世俗的追逐和欲望的捆绑，回到最单纯的欢喜，是生命里最有滋味的情境。

2. 如果失恋，等不到冰雪尽融的时候，就放一把火把雪都烧了，烧成另一个春天。

3. 浪漫就是浪费时间慢慢吃饭，浪费时间慢慢喝茶，浪费时间慢慢走，浪费时间慢慢变老。

4. 朋友的情义是难以表明的，它在某些质地上比男女的爱情还要细致。

5. 生命的着力点并不在过去，而是此时此地此人。

6. 人生确实是一次旅行，玄奘与哥伦布都是把自己抛到绝境的人，威尔玛·鲁道夫则是天生处在绝境的人；不论是自愿的，或是被动的绝境，只要信念坚定、勇敢向前，就会有机会走出生命长长的黑暗隧道，也有机会看隧道尽头的阳光。

7. 幸福的开关并不是你拥有很多的财宝，幸福的开关是你要打开心里那个通往幸福的状态。

8. 只有人格不断趋向高尚，不怀怨恨地生活，不论处在任何境况中都有自尊的人，才能在生命中找到真实的悦乐之泉源。

9. "活在当下"也就是"快乐来临的时候就享受快乐，痛苦来临的时候就迎向痛苦"，在黑暗与光明中，既不回避，也不逃离，以坦然自然的态度来面对人生。

10. 如果你现在问我什么是成功，我会说，今天比昨天更慈悲、更智慧、更懂爱与宽容，就是一种成功，如果每天都成功，连在一起就是一个成功的人生。

第七章 魅力不止城南事
——小说中的礼仪

第一节 经典永流传
——《林黛玉进贾府》中的礼仪

作品介绍

　　《林黛玉进贾府》节选自《红楼梦》第三回，原题为"托内兄如海荐西宾，接外孙贾母惜孤女"。此节描写林黛玉第一次离开母家进入贾府的情景，借黛玉之眼来描写贾家的一干人等与贾府的建筑结构、房屋摆设、人们之间的关系，是全书进一步展开故事的精华之笔。

【作者介绍】

　　曹雪芹（约1715.5.28——约1763.2.12），清代小说家，名霑，字梦阮，号雪芹。曹雪芹出身于一个"百年望族"的大官僚地主家庭，曾祖父曹玺任江宁织造，曾祖母孙氏做过康熙帝玄烨的乳母；祖父曹寅做过康熙帝的伴读和御前侍卫，后任江宁织造，兼任两淮巡盐监察御史，极受康熙宠信。康熙六下江南，其中4次由曹寅负责接驾，并住在曹家。康熙五十一年（1712年），曹寅病故，其子曹颙、嗣子曹頫先后继任江宁织造，曹家祖孙3代4人担任此职达60年之久，后家道开始衰落。在人生的最后阶段，曹雪芹以坚韧不拔的毅力，历经10年创作了后人难以超越的文学经典《红楼梦》。

明礼知仪

（一）介绍礼仪

这一回中提到：黛玉拜见了外祖母——此即冷子兴所云之史氏太君，贾赦、贾政之母也。当下贾母一一指与黛玉："这是你大舅母，这是你二舅母，这是你先珠大哥的媳妇珠大嫂子。"黛玉一一拜见过。

贾母在向黛玉介绍时，是按照次序来进行介绍的。在古代，次序是要严格遵守的。现代社会，顺序也不是可有可无的形式问题，它涉及个人修养与组织形象，以及社交活动的目的能否如愿达成。先介绍谁、后介绍谁是一个比较敏感的问题，如果忽略了顺序，则有可能使人不快。在为他人做介绍时，要遵循"尊者有优先知情权"或"尊者居后"的原则，根据这一原则，为他人做介绍时的顺序大致有以下几种情况：

（1）先将男士介绍给女士；

（2）先将年轻者介绍给年长者；

（3）先将职位低者介绍给职位高者；

（4）先将主人介绍给客人；

（5）先将晚到者介绍给早到者；

（6）先将未婚者介绍给已婚者；

（7）先将个人介绍给集体。

此处，贾母的介绍是将主人介绍给客人的一种方法。初来乍到，面对着贾府众人，如果不加以介绍，势必会影响后续的交流。

（二）位次礼仪

一起来回顾下原文。

贾母正面榻上独坐，两边四张空椅，熙凤忙拉了黛玉在左边第一张椅上坐了，黛玉十分推让。贾母笑道："你舅母你嫂子们不在这里吃饭。你是客，原应如此坐的。"黛玉方告了座，坐了。贾母命王夫人坐了。迎春姊妹三个告了座方上来。迎春便坐右手第一，探春左第二，惜春右第二。旁边丫鬟执着拂尘，漱盂，巾帕。李、凤二人立于案旁布让。外间伺候之媳妇丫鬟虽多，却连一声咳嗽不闻。寂然饭毕，各有丫鬟用小茶盘捧上茶来。

从中我们可以了解到宴请时的位次安排，迎接黛玉的晚宴，因为黛玉是客，故贾母让其坐于左手边第一张椅子上。迎春、探春、惜春三姐妹按照年龄大小依次坐下，此处符合古代"以左为尊"和"长幼有序"的礼仪。这次迎客宴，侍候之人虽多，"却连一声咳嗽不闻"，不仅体现出贾府平时治家极严，更反映出古人"食不言"的礼仪。

时代发展到今天，宴请的位次排列，常见的主要有5种方法可循。

1. 右高左低

这是因为中餐上菜时多以顺时针方向为上菜方向，居右坐者因而比居左坐者优先受到照顾。

2. 中座为尊

3人一同就座用餐时，居于中座者在位次上要高于在其两侧就座之人。

3. 面门为上

倘若用餐时，有人面对正门而坐，有人背门而坐，依照礼仪惯例，则应以面对正门者为上座，以背对正门者为下座。

4. 观景为佳

在一些高档餐厅，在其室内外往往有优美的景致或高雅的演出，可供用餐者观赏。此时，应以观赏角度最佳之处为上座。

5. 临墙为好

在某些中低档餐馆用餐时，为了防止过往侍者和食客的干扰，通常以靠墙之位为上座，以靠过道之位为下座。

（三）交谈的艺术

1. 赞美的艺术

"这熙凤携着黛玉的手，上下细细打谅了一回，仍送至贾母身边坐下，因笑道：'天下真有这样标致的人物，我今儿才算见了！况且这通身的气派，竟不像老祖宗的外孙女儿，竟是个嫡亲的孙女，怨不得老祖宗天天口头心头一时不忘……'"王熙凤深谙赞美之道，一句话，于不动声色中夸赞了林黛玉的风姿，又借"这通身的气派""嫡亲的孙女"及时地讨得了贾母的欢心。

2.婉拒的艺术

"邢夫人苦留吃过晚饭去，黛玉笑回道：'舅母爱惜赐饭，原不应辞，只是还要过去拜见二舅舅，恐领了赐去不恭，异日再领，未为不可。望舅母容谅。'"黛玉年龄虽小，但在应答回拒方面颇为得体，既表明了自己的感谢之情，又求得了邢大人的谅解。

【知识窗】

职业女性赴宴如何装扮

1.可以根据请柬的要求穿着服装。如果电话或口头的邀请没

有提出服装的要求，可根据宴会举行的地点、时间、规模、形式选择着民族服装、礼服或西装、套裙、连衣裙等等。

2.参加正规的宴会，以典雅、华丽的装束为主，款式要新颖别致，色彩质地要体现艳丽华贵，比如名牌的西装、套裙、露背礼服或旗袍等等。

3.如果是普通宴请，面对的都是熟人和朋友，装束就没有必要过于隆重，但过于随便也不合适。这种时刻，你的装扮只需换半身即可，比如下班后将西装长裤换成裙子，或者搭配一条丝巾。既方便，又与众不同。

4.如果你参加较为新潮的宴会，可以在款式和色彩上多动点脑，比如上穿无袖无领的紧身衫，下穿迷你裙或牛仔裙。

第二节 棋品如人品
——《棋王》中的礼仪

作品简介

　　《棋王》系阿城1984年发表的处女作。小说一发表便震惊文坛，先后获1984年福建《中篇小说选刊》评选的优秀作品奖和第三届全国优秀中篇小说奖。该文被视为新时期"寻根文学"的发轫之作，作者以极其平淡、近乎古朴的叙述方式讲述了知青青年"棋呆子"王一生四处寻找对手下棋、拼棋的故事。

【作者介绍】

　　阿城（1949—　），原名钟阿城，祖籍福建，1949年生于北京，中国当代作家，高中一年级逢"文革"中断学业。1968年下放山西、内蒙古插队，后又去云南林场做了10年林业工作。1979年回北京，曾于中国图书进出口公司工作，后任《世界图书》编辑。于20世纪90年代后移居美国。1984年以处女作《棋王》崛起于文坛，被认为是中国"寻根文学"的代表作家。其作品集《棋王》由作家出版社于1985年列入"文学新星丛书"第一辑出版，共包括3个中篇（《棋王》《树王》《孩子王》）、6个短篇（《会餐》《树桩》《周转》《卧铺》《傻子》《迷路》）。

🌀 明礼知仪

（一）象棋礼仪

中国素有"礼仪之邦"之美称，对礼仪十分讲究，象棋礼仪是象棋文化板块的一个重要的内容。棋手应该了解对弈的基本礼仪，遵循象棋礼仪，形成和谐氛围。棋友互相切磋，共同提高棋艺。从象棋中，我们可以窥见一个人的综合素质：尊师的态度、慈悲之心、与人相处之道，以及自我反省，胜不骄、败不馁的进取拼搏精神和公平竞争及团结友爱的精神等。

1. 服装整洁

衣着整洁得体，落落大方，不宜穿短裤、拖鞋。得体的服饰既是尊重比赛，也是尊重裁判、尊重对手的表现。

《棋王》中有这样一段描述：

脚卵就说："王一生，我们下一盘？"王一生大概还没有从被窝里醒过来，听见脚卵问，只微微点一点头。脚卵出去了。王一生奇怪了，问："嗯？"大家笑而不答。一会儿，脚卵又来了，穿得笔挺，身后随来许多人，进屋都看看王一生。

当时农场条件艰苦，可是脚卵仍然在下棋之前特意换了衣服，从中可窥见他的认真态度。

2. 遵时守约

按照约定时间到达赛场，不让对手苦苦等待。

3. 坐姿端正

落座时，从椅子左侧入座，坐椅子的三分之二处，背部挺直、肩部放平、双脚平放地面，忌跷二郎腿。

4. 致意问好

中国有句古话叫"先礼而后兵"，象棋比赛开始之前，双方互行礼节再开始"兵戎相见"就再合适不过了。

对弈前，双方棋手摆好棋具后握手或欠身致意。握手时应目视对方，面带微笑，一定要用右手握手，采用平等式握手，即大方地伸出右手，用手掌或手指用一点力握住对方的手掌，时间在3秒钟左右为宜，互道"请多指教"等客套之辞。如果不喜欢握手或不习惯握手礼，用点头礼或拱手礼代替也是不错的选择。行欠身礼时，上身自然挺直，以腰为轴，上身前倾15度向对方行欠身礼并说"请多指教"。

5. 正确按棋钟

按棋钟时，用食指和中指合理用力按下棋钟按键。忌用中指一个手指去按棋钟，忌拍打棋钟。

6. 举子有礼

以中指、食指夹住棋子，落于棋盘。行棋时也要保持轻拿轻放，不可摔棋子，这是对棋的基本尊重。

7. 行棋专注

专心下好每一步棋，这既是对对手的尊重，也是对自己的尊重。下棋时应当保持安静，不得干扰对手思考。对手行棋速度较慢时不得催促，否则也以干扰对手论。

8. 遵守规则

棋品即人品，严格执行"摸子走子、落子无悔"等行棋规则，养成服从裁判等良好的对弈习惯。遇到有争议的棋时应当及时告知裁判，而不应和对手私下理论，以免扰乱赛场纪律，影响到周围的参赛棋手。棋手应当尊重和服从裁判，如果对裁判的判决不服，应礼貌表示，并可以及时向裁判长申诉，并冷静礼貌申明自己的观点。但在裁判长做出判定之后就不得再有异议。确实仍不服的，只好留到日后探讨，不应质疑裁判长的最后判定。"吃"了的棋子，摆放好后就不要再去玩弄。

9. 保持冷静

一盘棋下完后不论输赢都应保持君子风度，不能因为输棋而生气，甚至做出掀棋盘等过激行为，即使心中懊恼也应该礼貌地认输，有棋友说"认输一定要含笑"，不过有时输棋后，因为懊恼和自责，确实笑不出，但也应该冷静下来并礼貌地认输，并向对手说"谢谢"。赢棋者忌骄傲自负，甚至说话讥讽对手。

文中可以看到这样的描述："这时有两个人从各自的棋盘前站起来，朝着王一生一鞠躬，说：'甘拜下风'，就捏着手出去了。"虽然战败，亦须礼貌地认输。

10. 圆满收官

胜利者在下完棋后应礼貌地向对手说"承让"，双方共同整理好棋具。接下来，有个"手尾"的问题。如果是最后一轮比赛，应该双方把棋放回棋盒，折好棋纸，关上棋钟。方便裁判和工作人员收棋和棋钟。如果不是最后一轮，应该把棋摆好再离场，有"手尾"也是一种好的棋品

（二）围棋礼仪

围棋是中华民族5000年文明史上的一颗璀璨明珠，是我国的国粹，是祖先智慧的结晶，它不仅仅是一种竞技游戏，更是一门伟大的艺术和文化。作为优雅的棋士和观者，可从以下几方面做起。

1. 对弈礼仪

下棋时，人身板挺直，认真端坐，目不斜视。其中，日本棋手是跪坐的，中韩棋手以端正坐姿为主。

2. 鞠躬致意

在开局之前，一般都需要鞠躬，以表示对对手的尊重。

3. 猜子礼仪

围棋在对局之前，特别是比赛中，需要通过猜子来决定黑白两方。猜对的一方拿黑棋，猜错的一方拿白棋。通常情况下，是由年长的棋手手捏棋子让年幼的棋手猜子，以示尊重。

4. 拿子得当

围棋是手谈的游戏，在对局中，双方不能交流说话，但可以通过落子的方式让对方感受到你的一些情绪。拿子时，一般用食指和中指夹住棋子，然后把它敲在棋盘上，但是面对长者时，建议还是轻轻落下比较好。

5. 行棋礼仪

落子时的第一手黑棋通常是落在右上角第一手位置，把左上角让给对手行棋，这是对对手的尊重。白棋一般没有规定，但是最好不要下在黑棋右下角。落子宜轻，不宜猛拍；不可以手在棋盘上一顿比画或放在棋盘上又拿起来；手不应在棋盒里翻棋子玩。

6. 语言文明

围棋被称为"手谈"，因此在对局中一般不能对话。不要催促对手快点下棋，对局结束后应说一声"多谢指教"。

7. 认输礼仪

在一方觉得自己的形势已经无法挽回时，可以选择认输，对方就被判作中盘胜，围棋中的认输叫作"投子认负"。一般我们可以看到职业棋手会拿起两个棋子放在棋盘上示意认输。现在也有以直接停棋钟代表认输的方法。

8. 观棋不语

观棋时，不能说话，不做干扰对方思路的动作，不在旁边吧唧吧唧吃东西，此类行为会让下棋的人格外地厌恶你。

【知识窗】

围棋的传说

相传在上古时期，帝尧治理天下，百姓安居乐业，邦内一片祥和景象。由于之前经常在外巡查，帝尧很少有时间管教孩子。好在孩子们大都很懂礼数，唯有散宜氏所生之子丹朱最让人头疼。丹朱已经十七八岁了，却终日游手好闲，惹是生非，有的时候甚至散宜氏都拿他没办法。后来天下太平，帝尧可以空出时间过问孩子的事情了。他听说了丹朱的所作所为，心中惭愧：是自己没尽到做父亲的责任啊。帝尧想：丹朱如此放纵，定是没有找

到心中志向，如果适当引导，是个可塑之才。

于是，帝尧命人把丹朱带到平顶山，将天下苍生指给丹朱看，循循善诱，希望丹朱能明白他的一片苦心。但是丹朱根本没把天下放在眼里。帝尧明白，丹朱的心不在如何治理天下上。于是他顺手拿起身边的一根树枝，在地上画了十几条纵横相交的网格，然后命人取来数百颗石子，告诉丹朱说："我现在要教你能够打败所有人的能力，这样，以后就没有人能奈何得了你了。"丹朱一听，立时有了兴趣，跟着帝尧学起了"制人之术"。从此，丹朱一心放在学习"制人之术"上，再也不胡作非为了。他也渐渐明白，这"制人之术"其实是父亲在教他"博弈"的技巧，里面包含有治理天下、行军作战的艺术。据说，这种"博弈"之术，便是我们现在说的"围棋"。

第八章　窈窕淑女优雅行

——影视中的礼仪

第一节　一把奇特的扇子

——《雪花秘扇》中的礼仪

剧情介绍

　　《雪花秘扇》影片改编自美籍华裔女作家邝丽莎的英文小说 *Snow Flower and the Secret Fan*（《雪花和秘密的扇子》）。该片从两条线索平行叙述。一条线索说的是中国19世纪发生在百合与雪花之间的故事。百合与雪花在幼年时即结为老同，随着年龄的增长，原本家境贫寒的百合因为外貌出众和有一双完美的小脚而嫁入富足之家，原本出身于书香门第的雪花因为家道中落而不得已下嫁于乡间的屠夫，两人的命运发生了巨大的变化，友情也随着地位与家境的变换而产生了隔膜。因为误解的产生，让她们的友谊遭遇崩解的威胁。最后，误会在雪花临终前得以化解。另一条线索说的是中国现代发生在尼娜与索菲娅之间的故事。尼娜和索菲娅两人是要好的朋友，经常在一起玩耍、学习，一次偶然的机会，索菲娅从姑姑口中听说了很久以前在乡下关于同龄女孩子结为老同的故事，深受感动，于是相知相惜的索菲娅与尼娜在姑姑的主持下结为老同，并发誓彼此要成为对方一生最知心的姐妹。后来，随着两人各自恋爱时发生的种种误解、猜疑，她们的友情像雪花与百合的友情一样也遭遇了分裂。索菲娅不幸遭遇了车祸，长时间处于昏迷状态，这段生死离别让尼娜再次感受到两人之间不可磨灭的坚韧友情。影片的最后，伴随着尼娜发自内心的倾诉，索菲娅渐渐苏醒，两人紧紧拥抱，现代版的老同之间的误会也冰消雪融。

【作者介绍】

邝丽莎（1955—　　），出生于法国巴黎，生活于美国洛杉矶，美籍华裔作家，拥有八分之一的中国血统。她拥有非常西方化的长相，完全没有东方人的特征。她不会讲中文，但她始终坚持自己的华裔身份，坚持研究中国，书写华人故事，其代表作品有*Flower Net*（《花网》）、*On Gold Mountain*（《百年金山》）等，2002年被中美妇女组织评选为全国年度女性，2009年被美华妇女会授予"最佳母亲奖"，以感谢她锲而不舍的寻根之旅对维护华裔传统所做的贡献。

明礼知仪

电影在两条线索之间交错进行，讲述了发生在两个时代的两对女人彼此之间的凄美柔婉的感情故事。在影片中，除了她们纯美的女性情谊打动人心之外，其中的民俗礼仪魅力更是焕发出别样的光彩。

（一）"哭嫁"

人生中最为重要的四大礼仪有诞生礼、成年礼、结婚礼、丧葬礼。相对于其他3种人生礼仪，结婚礼留在人们记忆中的印象最为深刻、持久。所以，不同时期、不同国度、不同民族都十分重视结婚礼。不同地域、不同民族流传下来的结婚习俗不尽相同，《雪花秘扇》展示了19世纪湖南少数民族地区结婚礼仪中的"哭嫁"这一重要的习俗。

"哭嫁"寓意着即将出嫁的女子就如同泼出去的水，在出阁之时要用"哭"这一形式倾诉心中复杂的情感，这情感中既有欣喜也有悲泣，欣喜的是自己要出嫁从此踏入人生的另一阶段，悲泣的是与亲人别离之时的依依不舍之情。在当地人眼中，"不哭不热闹，不哭不好看""女子会哭才是德"，即哭得动听、哭得感人的姑娘将是聪明伶俐的好媳妇。她们在十二三岁时就要开始学习"哭嫁歌"，在婚前半月至一月开始哭唱，这种"哭嫁歌"可以是历代相传的固定创作作品，也可以是触景生情的即兴创作。"哭嫁歌"文辞巧妙，哭词长短成句，格调新颖，富于诗韵和乐感，寓意深刻，它的内容既可以抒发对父母养育之恩的感谢，表达姊妹之间的情谊，或是抨击对封建婚姻礼教的不满，也可以是劝人之道、做媳之道。

在《雪花秘扇》中，百合出嫁前夕在《伴嫁歌》中这样吟唱：

藤蔥发花十二枝，双吹双打送上门；厅屋中间有条藤，藤蔥发花十二层。

百合出嫁当天，《哭嫁歌》中是这样表现的：

新打剪刀裁面料，裁起面料穿高红，穿起高红深拜爹。

"哭嫁"与其说是哭，倒不如说是唱。"哭"只是载体，载的是"笑"，是欢乐，以歌代哭，以哭伴歌，这时"哭"已失去文字的本义而饱含深层的文化内涵。"哭嫁"可分为一人哭唱、两人哭唱、多人哭唱等形式，《雪花秘扇》中表现的是多人哭唱的形式。

"哭嫁"的习俗沿袭至今，它以哭唱的方式将姑娘细腻的感情、复杂微妙的心理表现得淋漓尽致，可谓展现了湘西少数民族文化的独特魅力。影片《雪花秘扇》将这一民俗做了生动的刻画。

（二）"女书"

"女书"是湖南省江永县"三千文化"中的一个组成部分，它具有丰富的文化内涵和深厚的历史底蕴，曾被誉为南楚奇字、文字奇观、闺阁奇迹，这种神秘的文字诞生于明末清初的湖南省永州市江永县。江永县地处湘桂边境线上，东西两边由萌渚岭和都庞岭围护，形成自北向南的长条形山谷盆地，"女书"就产生于这样相对封闭的环境中，所以它又叫"江永女书"。因为中国传统的封建思想剥夺了女性读书识字的权利，所以当地的女性便发明了"女书"，她们在一起做女红的时候会边唱歌边用刺绣把歌唱的内容用图案记下来，以采用这种男人所不识的隐蔽方式诉说衷肠、互通心迹，后来就慢慢演变成了女人之间秘密交流与通信的方式。它只在女性间流传，不为男性所识。它的载体通常为手写本、纸扇、巾帕、纸片等。"女书"非常讲究形式美：写于纸扇上的"女书"多以花鸟图案进行装饰，写在纸张上的"女书"多在纸张的四角配以花纹，织绣在巾帕上的"女书"则更是精美的女红工艺品。在影片《雪花秘扇》中，雪花与百合之间的交流就是通过纸扇这种载体来进行的。"女书"从外观上看，造型独特、笔迹秀丽娟细，整体轮廓呈现长菱形，看上去像月牙，又像畅游在水里的鱼儿。

"女书"作品多为歌体，一般为七言诗体唱本，长的可达几千字，短的只有几十字。《雪花秘扇》中雪花与百合之间用于交流的"女书"通常是比较短的文字。

"女书"作品的内容大致可以分成如下几种类型。

1. 婚姻家庭类作品

《雪花秘扇》中百合出嫁之时的"哭嫁歌"即属于此种类型。

2. 祭祀类作品

它可以用于追悼刚刚故去的亲人，也可以用于祈祷神灵的庇佑。

3. 社会交往类作品

它涉及人际交往、感谢、慰问、责骂等。《雪花秘扇》中雪花和百合之间交流的"女书"多可归于此类。

4. 幽怨私情类作品

此类作品包括日记和传记。

5. 教育娱乐类作品

它包括了乡里逸闻、歌谣谜语、伦理作品、历史故事等。

　　"女书"具有特殊的社会功能，在影片《雪花秘扇》中，"女书"主要承载的就是这样的功用。

　　其一，结拜姊妹。雪花与百合在姑婆庙结拜为老同时，用"以我双手向你开，相惜怜爱永不悔"这样的"女书"表达了二人的心迹。

　　其二，书信往来。百合与雪花相继出嫁之后，很少有见面的机会，彼此对对方的思念之情主要是凭借写在折扇上的女书进行传递。百合嫁入富裕的陆家，想去看望雪花而遭到婆婆陆夫人的反对，无奈之下托丫头勇刚把写在折扇上的"女书"交给雪花，"且把心事化风转，悲喜任之难割分，你我长日不得见，时刻想念牵挂着"，字字句句透露着百合对雪花的思念之情。当瘟疫肆虐之时，百合写给雪花的"女书"则表明了当时的情形与对雪花的牵挂："欢喜不尽俱得子，可叹世事怎如意，村中疾患正当时，坟头新土连成片，人人害怕家家慌，不知荆田现如何。"当百合将要去看望雪花之时，又是这样表明自己的欢欣之情的："分离多载真难舍，家中事多十分难，修书戏言多交心，满心欢喜相会身。"因为一场误会，雪花向百合发出了断绝情谊的"女书"："至亲至爱我老同，我身已是运不转，不比当年风光时，荆田姐妹三金兰，与我长行不嫌弃，叹声老同勿挂怀。"

　　其三，诉写内心的情感。当穷苦出身的百合出嫁之时，她用"女书"记载下了自己的心情："我将出嫁桐口村，家中人人多喜欢，金莲使我时运转，姐娘不应慢来教。"嫁入夫家，百合生了孩子后又用"女书"做了这样的表达："姐娘教我宜知礼，应凭品德配夫郎,三餐茶水多端正,孝顺公婆理应当,高门贵府来有日,难为今日痛断肠。"当百合的夫君外出一年归来之时,她的公婆业已故去,百合成了村长夫人,此时此刻她的心情是这样的:"公婆病火染得重,送鬼不灵落阴府,正月新年坐陆府,跨入大门夫为主。"

出身于书香门第、祖父曾为朝廷大学士的雪花,因为父亲沉溺于吸食鸦片,导致家境渐渐衰落,面对这种境况,雪花用"女书"表达了对家道中落的痛惜之情:"有意倾心两相知,不忍诉苦毁欢颜,我本千金贵世女,老父散家为鸦片,命运生来本不同,情深意重敢争天。"

雪花与百合从小就开始在一起学习"女书",她们的"女书"写在折扇上,于是折扇成为二人之间的一种密信,成为友谊的见证,也成了女性心灵世界的投影。"女书"作为世界上唯一的女性文字,是老同之间交流的主要工具与载体,是她们之间秘密交流的语言。"女书"是人类历史上一种神奇而独特的文化现象,也是我国民族文化的宝贵资源。

(三)"老同"

老同指的是同年同月出生,且长相脾气极为相近的女孩子结为推心置腹的姐妹。老同代表的是一种古代女子结拜之后情同手足的亲密关系,结为老同的姊妹要经常往来、相互照顾、相互爱惜、同舟共济、同心同德、互相帮助。这是女人间最好的关系,它甚至超越夫妻、姊妹,她们相互沟通的秘密暗语主要是通过"女书"。

《雪花秘扇》让更多的人了解了老同，若要结拜为老同，需要在神佛前盟誓，要有见证，要彼此不离不弃。雪花与百合结为老同之时，前往姑婆庙，在姑婆神的见证下结为姊妹。这份友情从六七岁开始，贯穿她们为少女、为人妻、为人母的各个时期，在无情的世事浮沉中带给彼此最后的安慰。

尼娜和索菲娅情似姐妹，为了索菲娅，尼娜可以置自己的前途于不顾，在自己的高考试卷上写下索菲娅的名字，最终被罚3年不得参加高考；为了索菲娅，尼娜甚至可以放弃到纽约的宝贵机会。正是出于老同的爱和忠诚才支撑着雪花和百合走完了辛酸的一生，也才支撑着尼娜放弃了到国外的机会而坚守在出了车祸的索菲娅身边，陪她度过艰难的时刻。

但老同不能与现下的女同性恋情结画等号。老同之间的情感与依恋是一种微妙的女性情谊，它既有人性深处的情愫，也有个人的情怀成分，还仿佛有着某种意义上的宗教色彩。《雪花秘扇》中的老同之间的情谊或许正是当下人们之间所缺失的，她们用"女书"交流着友情，她们的情谊更像一种"心灵瑜伽"，可以让我们得到心灵的宁静。

（四）"三寸金莲"

缠足是中国古代特有的习俗，持续了约千年的时间，它体现了中国古人独特怪僻的审美习俗和男尊女卑的社会结构。从性别的角度看，它显然是父权制对女性的戕害，使女性成为供男性把玩之物。小脚之所以被称为"金莲"，得之于佛教文化中的莲花，莲花寓意圣洁、美好、高贵，小脚有"金莲"之称，也有此层含义在里面。清朝时，脚的形状、大小成为评判女子美与丑的标准。一个女子是否缠足，将会影响到她个人的幸福。

　　影片《雪花秘扇》中，百合与雪花幼年相继缠足，痛苦难耐，当百合痛得喊"疼！妈妈，我什么时候才可以出去玩"时，百合的母亲回答道："这比玩重要多了，你必须缠上一双完美的小脚，媒人才能给你找到好婆家……"百合艰难地用小脚练习走路时，百合的母亲又做了如下劝说："痛苦中才能发现美，苦难中才能找到真正的平衡，虽然给你裹脚让你受点苦，可是真正受益的还是你。"媒人看到百合的脚，赞叹道："这是我见过的最完美的脚，这才是真正的金莲花。"因为"三寸金莲"，雪花与百合两个人的命运被改写。百合因为裹了一双完美的小脚，从此由贫寒之家嫁入富足之家，而雪花却从富足之家嫁入贫寒之家。

【知识窗】

"女书"

　　"女书"，严格讲应称为"女字"，即妇女文字，是一套女性专用的汉语方言音节表音文字。起源于湖南江永县。2006年5月20日，"江永女书"经国务院批准被列入第一批国家级非物质文化遗产。

　　"女书"，顾名思义，使用者主要是女性，当地女性聚在一起，边做女红、边唱歌、边传授女书，母亲传给女儿，老人传给少年，通过这种方式代代相承。"女书"作品通常书写在精制布面手写本（婚嫁礼物）、扇面、布帕、纸片上，分别叫作"三朝

书""歌扇""帕书""纸
文"。有的绣在帕子上，叫
"绣字"。"女书"作品绝
大部分为七言诗体唱本，内
容大多描写的是当地汉族妇
女的婚丧嫁娶、社会交往、
幽怨私情、乡里逸闻、歌谣
谜语、伦理教育等。

　　"女书"是人类历史
上一种独特而神奇的文化现
象，也是中国语言生活中的
一种奇特现象。

　　"女书"字的外观形体呈长菱形的"多"字式体势，右上
高、左下低。斜体修长，秀丽清瘦，有"长脚蚊"之称。

第二节　行为举止藏教养
——《窈窕淑女》中的礼仪

剧情介绍

《窈窕淑女》改编自著名戏剧家萧伯纳的《茶花女》，由乔治·库克执导，奥黛丽·赫本、雷克斯·哈里森、杰瑞米·布丽特等主演，华纳兄弟影业于1964年出品，讲述了出身于底层的卖花女伊丽莎被出身于中产阶级的语言学家席根斯改造成优雅贵妇的故事。

卖花女伊丽莎在街上偶遇语言学家席根斯和他的朋友平克林上校，席根斯夸口说可以用6个月的训练时间，将改造伊丽莎使她可以优雅地出席大使舞会，让她可以到自己心仪的地方上班。为此，平克林上校与席根斯教授打赌，如果改造成功，他将承担所有的实验费用，类似于游戏与赌博的实验就这样拉开了帷幕。席根斯开始对伊丽莎从仪容、仪表到发音进行了彻底的改头换面，经过两个月的精心调教，伊丽莎终于在上流社会自如地进行交往。后来，当她赌气离开席根斯重返之前的生活环境时，她惊异地发现，过往的那些朋友竟然没有人能认出她。这种改变让她获得了前所未有的自信与尊严，也让她重新审视自己新的身份定位，她发现，自己再也无法回到过去的生活状态了。席根斯教授在她离开后也才意识到，自己已经习惯了有她的生活，开始重新反思自己以往的理念。最终，两人终成眷属。

【作者介绍】

萧伯纳（1856.7.26—1950.11.2），爱尔兰剧作家，杰出的现实主义戏剧作家，1925年获诺贝尔文学奖，他是擅长幽默与讽刺的语言大师，也是积极的社会活动家和费边社会主义的宣传者。他支持妇女的权利，呼吁选举制度的根本变革，倡导收入平等，主张废除私有财产。代表作有《圣女贞德》《伤心之家》《华伦夫人的职业》等。

明礼知仪

（一）源自心底的尊重礼

影片中，在伦敦街头与身份卑微的卖花女伊丽莎偶遇时，皮克林上校和席根斯教授的态度截然不同：上校不因其身份低微与不当举止而嫌弃，反而能够自始至终彬彬有礼地对待；而教授因为心理过于优越，在公众场合不留情面地对其进行了侮辱，训斥她"别坐在那儿，像只暴躁的鸽子一样咕咕叫……她发出的每个音节都该被谴责，按理说她应该被拖出去绞死"。两种态度，彰显了对待底层生活者是否怀有尊重之心。

尊重是礼仪的核心宗旨，应尊重交往对象，以礼相待，应对任何交往对象都一视同仁，不因其身份、地位、职业等区别对待。

（二）养成淑女的仪态礼

最初，卖花女站无站相，坐无坐相。当她被教授训练成高贵的淑女之后，她的仪态脱颖而出，迷人无比，女王都忍不住称赞："迷人，如此迷人！"从一个最底层的卖花女到高雅迷人的状态，这其间自然经历了折磨人的训练。由此，我们看得出来，不良的仪态是可以通过有效的训练得以纠正的。

1. 女士站姿

站姿是人们在生活交往中最基本的姿势，是其他各种工作姿势的基础，也是优雅端庄举止的起点。正确的站姿会给人以端庄大方、信心十足、积极向上的印象。女士站姿应秀雅优美、亭亭玉立。

女士站姿禁忌：

（1）忌仪态不端，如头歪、肩斜、腹凸、背弓等。

（2）忌双脚分开过大。古人言：女子站坐不开膝。优雅的女性，只要出现在公众视野，两脚都要并拢。

（3）忌双臂交叉抱于胸前，这样的姿态会有消极、防御、抗议之嫌。

（4）忌双手或单手叉腰。

2. 女士坐姿

坐姿是人际交往中采用最多的姿态，良好的坐姿不仅给人以沉着、稳重、冷静的感觉，而且也是展现自身气质与风范的重要形式。

（1）入座时要轻、稳、缓，要娴雅、文静、柔美。若着裙装，应用手将裙子稍稍拢一下，而不要坐下后再拉拽衣裙，那样有失优雅。按照惯例，正式场合一般应从椅子的左边入座，离座时也要从椅子左边离开。如果椅子位置不合适而需要挪动椅子的位置时，应当先把椅子移至欲就座处，然后入座。

（2）落座合适。坐在椅子的三分之二处，立腰、挺胸，上体自然挺直，双肩平正放松，双手叠放，置于左腿或右腿上。

（3）离座时，要自然稳当。右脚向后收半步，而后站起。

（4）女士常用坐姿——

①正襟危坐式。大腿与小腿呈直角，小腿垂直于地面，双膝、双腿完全并拢，双手叠放于双腿上。这种坐姿适用于较为正规的场合，如谈话、谈判、会谈等。

②双腿斜放式。双脚靠拢斜放于右侧或左侧，两脚两腿两膝并拢，双手叠放于腿部。该种坐姿适合着裙装时采用。

③双腿叠放式。该种坐姿也即俗话所说的跷二郎腿，适合于社交如舞会这样的场合，需要注意的是在上面的腿的脚尖要下绷。

④前伸后屈式。大腿并紧之后，向前伸出一条腿，并将另一条腿屈后，两脚脚掌着地，双脚前后保持在同一条直线上。

（5）坐姿禁忌——

①忌两腿笔直前伸；

②忌两膝分得太开；

③忌一条腿盘在另一条腿上不时抖动；

④忌坐下后随意挪动椅子。

（三）脱帽礼

影片中，参加赛马会时，男士们都戴着礼帽，彼此相见时要脱帽行礼。脱帽礼是西方国家经常采用的一种礼节，适用于社交场合，当戴着有檐的帽子时，需要摘下帽子向他人行礼。

行脱帽礼时，微欠上身，用距对方稍微远的那只手脱帽，并将其置于大约与肩平行的位置，同时与对方交换目光，待对方离开后再将帽子戴上；也可将帽檐向上轻掀一下，以示致意。

（四）吻手礼

吻手礼是流行于欧美上层社会的一种礼节。影片中，在赛马场上，那些戴着礼帽的贵族男士向穿着华丽礼服的女士们行吻手礼。一般而言，受礼者只能是已婚女士。行礼时，男士行至已婚女士面前，首先垂首立正致意，然后以右手或双手捧起女士的右手，俯首用自己微闭的嘴唇象征性地轻吻一下其指背。女士若戴着白纱手套，也可以不去掉。

（五）舞会礼仪

舞会又称"交谊舞"，是高雅的社交娱乐活动，是现代社会的重要交际形式之一。在舞会上，可以结识朋友、陶冶性情。我们从影片中可以看到伊丽莎被王子邀约跳舞的镜头。一个注意社交的人，交谊舞是一门不可缺少的必修课。当你参加舞会时，应该做到以下几点。

第一，仪容仪表整洁大方。男士应西装革履、庄重得体，女士应长裙飘逸、靓丽美观，妆容得体、浓淡相宜。女士可佩戴一些夺目的饰品。

第二，忌食葱、蒜、韭菜等带强烈刺激性气味的食品；忌喝烈性酒；忌用味道过于浓烈的香水。

第三，邀舞时，通常由男士主动去邀请女士共舞。邀舞时，男士应步履庄重地走到女士面前，微微躬身，彬彬有礼地摊开右手，轻声微笑说："请您跳舞。"若邀请素不相识的女性跳舞时，须先认真观察其是否已有男舞伴。若有，不宜前去邀请，以免发生误解。

第四，音乐结束后，男伴应将女伴送到其原来的座位，待其落座后说一声"谢谢，再会！"，然后方可离去，切忌在跳完舞后不予理睬。

第五，通常情况下，女士不应拒绝男士的邀请。若想拒绝，要有一定的艺术，可以用亲切、温和的语调说"对不起，我累了，想休息一下"等婉拒。

（六）恰到好处的交谈礼

在去赛马场前，教授和上校提前告知了伊丽莎相关的交谈礼，比如在交谈时尽量谈与天气和健康有关的话题。因为不能举一反三，灵活运用，伊丽莎当时选择以贫穷人治疗疾病的离奇方式经验来交谈，以致无法和其他贵族继续交流。在交谈过程中，伊丽莎故意改变说话的语气声调，以让自己融入当时的环境，但结果适得其反，那种滑稽的腔调引得众贵族侧目惊异。

1. 如何选择话题？

话题指的是谈话的中心内容。一般而言，言谈的主题多少可以不定，但在某一特定时刻宜少不宜多，最好只有1个，才有助于言谈的顺利进行。在谈话之中，以下几类话题是适宜选择的。

（1）既定的主题。交谈双方业已约定或其中一方先期准备好主题。如征求意见、讨论问题。

（2）高雅的主题。如文学、艺术、哲学、历史、建筑等，适用于各类交谈，但忌讳不懂装懂、班门弄斧。

（3）轻松的主题。谈论起来令人轻松愉快、身心放松、饶有情趣、不觉劳累厌烦的话题，如文艺演出、时装、美容、电影电视、旅游观光、烹饪小吃、天气等。

（4）时尚的主题。即以此时此地正在流行的事物作为谈论的中心。

2. 你了解交谈礼的禁忌吗？

（1）不涉及令人不愉快的内容，如疾病、死亡。

（2）不涉及他人的隐私。如对女士不问年龄、婚否、服饰价格等；对男士不问钱财、收入、履历；不随便谈论他人的宗教信仰和政治信仰，以免犯忌讳。

（3）不当众批评他人。力求创造愉悦和谐的谈话气氛，要使交谈双方都感到这次谈话是令人愉快的，而不致使对方落入尴尬、窘迫之境。尽量避免谈论容易引起争执的题目。一般可用表示疑问或商讨的语气来满足对方的自尊心，不当众批评对方，尤其是长辈或身份高的人。更不能讥笑、讽刺他人，对方读错了字，只要不妨碍交谈的进行，没有必要当面去指正。

（4）不要始终使自己处在讲话的位置，要让一起谈话的人都有发言的机会。如果只顾自己发表意见，而不愿听别人说话，甚至不容别人插话、发表看法，交谈就变成了"一言堂"，这样的谈话方式或许可以显示口才，但结果往往事与愿违，别人可能认为你自高自大，蔑视他人的存在。

（5）不做傲慢无礼的动作。对方讲话时，不要左顾右盼、心不在焉或注视别处，显出不耐烦的样子，也不要做频频看手表、伸懒腰、玩弄手指、修剪指甲、双手插在衣袋里等漫不经心的动作。

【知识窗】

"女士优先"的起源

"女士优先"的原则源自西方，有人解释其起源于欧洲中世纪的骑士之风，在当时，骑士为贵妇人开道，为贵妇人吟唱英雄史诗，为贵妇人决斗，以得到对方的赞美，这被认为是骑士的莫大荣耀，后逐渐演变为对女士的关爱和保护，后来成为国际社会公认的重要礼仪原则。

第三节　翩翩君子风度成
——《窈窕绅士》中的礼仪

剧情介绍

　　《窈窕绅士》是由李巨源执导，孙红雷、林熙蕾等主演的一部爱情喜剧片，该片讲述了暴发户曾天高追求超级名模芳娜，但因其土气的外表和无礼的行为遭到芳娜嫌弃，心有不甘的他找到营销公司的吴嘉倩来帮助他做形象和内涵的彻底改造，从而成了一个"内外兼备"的绅士。

【作者介绍】

　　李巨源（1963—　），出生于香港，后移居美国纽约，毕业于纽约大学电影系，初在纽约当副导演，1995年前往台湾发展，在各电视台任编导和节目主持人，并导演首部电影《为人民服务》。2001年开始担任李安导演之华语电影研发主任，2009年执导爱情喜剧《窈窕绅士》，2013年执导台湾电影《72小时莎到你》，还先后担任过台湾TVBS节目《一FOOL当关》、《好莱坞故事》、台湾滚石音乐频道的主持人。

明礼知仪

　　（一）绅士养成的仪态礼

　　最初，曾天高是一副形象不佳的"暴发户"形象，当他被吴嘉倩训练成风度翩翩的绅士之后，给人一种玉树临风之感，这期间自然经历了无数的训练。保持绅士仪态，日常生活中要站如松，给人以阳刚之气。

1. 男士站姿注意事项

（1）忌全身不够端正；

（2）忌头歪、肩斜、腹凸、背弓等姿态；

（3）忌过于拘谨。

2. 男士常用坐姿

（1）正襟危坐式。大腿与小腿、小腿与脚都呈直角，小腿垂直于地面，双膝、双腿打开，双手平放于双腿上。这种坐姿适用于比较正规的场合，如谈话、谈判、会谈等。

（2）前伸式。在正襟危坐式的基础上，两小腿前伸一脚的长度。

（3）屈直式。左小腿后屈，右脚前伸，双膝打开，双脚呈平行线。

（4）重叠式。右腿叠在左腿膝上部，右小腿内收、贴向左腿，脚尖自然地向下垂。

3. 男士坐姿禁忌

（1）忌双腿平直伸开呈叉开状，将脚尖翘起左右晃动；

（2）忌"跷二郎腿"且脚尖对着他人，频繁地抖动；

（3）忌脱掉鞋子或把脚露在鞋外；

（4）忌双手交叉于脑后仰坐在工作台旁。

（二）递送名片礼仪

在慈善基金会现场，曾天高想结识芳娜，冒冒失失地单手递上名片，他这样的自我介绍没有助他一臂之力，反而加深了他在芳娜心中的坏印象。其实在递送名片时，我们可以有以下做法。

1.递送名片的礼仪

（1）留意观察，选准机会。向对方递送名片时，应细心观察，找好时机，观察对方是否有时间和诚意，然后决定是否需要递送名片。

（2）仪态端正，表情亲切。递送名片时应该站立或欠身递送，面带微笑，双目注视对方，用双手的拇指和食指分别持握名片上端的两角送给对方。

（3）语言到位，敬语有加。递送名片时，应致礼貌语，例如"您好，这是我的名片，请多指教""您好，这是我的名片，请多关照"等话语。

（4）讲究顺序，有礼有节。如果需要向多人递送名片时，要遵循"先客后主，先低后高"的原则，即客人先把名片递给主人，地位低者先把名片递给地位高者，年轻的先把名片递给年长的，男性先向女性递名片。当与多人交换名片时，应按照职位高低的顺序或者由近及远地顺序递送，切勿跳跃式进行。

2.接收名片的礼仪

（1）尽快起身。当接收他人递过来的名片时，应尽快放下手头的其他事务，迅速起身，面带微笑，用双手拇指和食指接住名片下方的两角或者以右手捧接。如果手中拿着其他东西，必须先放下手中的东西再收受名片。千万不要手上一边拿着东西还一边收受名片，这会给人以随便的感觉，对方也会觉得自己不受重视。

（2）表达谢意。接过对方的名片时要说"谢谢""能得到您的名片，深感荣幸"等礼貌用语。

（3）认真阅读。接过名片后，要认真地读一下对方名片上的内容，不清楚的地方可以及时问一下，有必要的话可以重复一下对方名片上所列的职务或单位，以示尊重。切忌接过名片后随便一丢，这是极不尊重的表现，也不可拿着名片在对方的面孔旁边比对或是从头到脚打量对方，这是极度没有礼貌且易引起他人反感的行为。

（4）回赠名片。接受过对方的名片后应回赠自己的名片；如果自己没有名片或没带名片，应及时道歉，并说明原因，如"对不起，今天忘带名片了""很抱歉，我没有名片"等。

（5）放置得体。接过他人的名片后，应当着对方的面郑重其事地将其名片放入自己携带的名片盒或名片夹之中，千万不要信手往裤兜里一塞或随意扔在桌子上，甚至在名片上面压上东西或走的时候忘记携带。

（三）得体的服饰礼

当吴嘉倩和曾天高去参加慈善基金会时，吴嘉倩巧手装扮，在短时间内将自己的服饰改造成了适合社交场合的礼服。曾天高一身白色的西服、白色的鸭舌帽、白色的皮鞋、墨镜，这样的装扮并不合适，因为在社交场合，衣服颜色越深越正式。

常言道："佛要金装，人要衣妆。"从古至今的服饰，除具有御寒防暑、遮羞护肤等实用功能以外，还具有一定的修饰性，即审美功能。随着人们审美水平的提高，服饰也就成了人们仪表美的重要组成部分。一个人如果只有优美的仪容、健美的形体，而没有合体的、色彩搭配协调的服饰，那么离美的形象还差了一大步。"美是一种创造"，恰到好处的服饰选择就能创造出美。因此，服饰穿戴必须讲求选择的艺术。当然，这里讲的选择是在人的自然形体、经济状况以及当时、当地社会风尚等客观条件允许限度内的选择。

服饰的"TPO"原则，T、P、O分别指时间、地点、目的，是相应3个英文单词的首字母。其基本含义是要求人们在服装穿着、饰品佩戴和配件使用等方面，要适应具体的时间、地点和场合的要求。1963年，日本"男用时装协会"正式提出"TPO"原则的理念，当时提出的初衷是为了借助运动会期间的国际交流来推进日本男装的时装化。但它一经提出便迅速传遍全世界。目前，此原则已脱离了最初推进日本男装时装化的原意，进而拓展到包括女装等在内的一切服饰文化中，成为服装交际原则之一。

T代表时间，在这里泛指早晚、四季和时代性。穿衣要考虑这些因素，注重时间变化。如在西方，服装因时间不同分为晨装、日装和晚装，男士午前或整个白天不能穿小礼服、夜晚不能穿晨服。着装要根据四季的变化而变化，要掌握服饰的基本标准。因此，服装可分为春装、夏装、秋装和冬装，切不可要风度不要温度，只顾"美丽冻人"。着装要有时代性，是说服饰应顺应时代发展的主流和节奏，不可超前，亦不可过于滞后。

P代表地点，主要指服饰穿戴者要根据所处场所或地方的不同，着装应有所不同。根据此原则，可以把自己所处的具体环境分为上班、社交和休闲三大类型，然后据此决定自己的穿着打扮。上班时的穿着要"正统"，适合穿制服、套装、套裙，饰品佩戴遵循"以少为佳"的原则，少至不戴，最多不要超过3件。社交时的穿着打扮则宜讲究时尚，展现个性。休闲时的穿着要求最低，只要舒适得体即可，无所拘束。穿着牛仔服、网球裙、运动服进入办公场所和社交场地等，都是与环境不和谐的表现。你能想象吗？在静谧严肃的办公室中穿着一双拖鞋，或者在绿草如茵的运动场上穿一身笔挺的西装、脚穿皮鞋，或者在街上穿泳装，这样的人肯定会聚焦众人异样的目光。

O代表目的，这里主要是根据不同的目的进行着装，通过穿着打扮给别人留下好的印象，以便于商务活动的顺利开展。如穿着西式套裙去上班是为了显示自己的成熟稳重，穿着旗袍去赴宴是为了展示自己所独有的女性风采。比如去应聘商场服务员的工作，你的服饰必须体现你自己的个性即或温柔或认真或庄重或开朗或热情的一面，既显个性，又衬托出你非常适合做商场服务员的工作，以引起主考人员的注意。如果你仅仅是为了突出个性而忽视交际目的，穿着很开放、时髦甚至暴露的衣服来表现你的坦诚、热情，很可能不会被录取。因为商场服务员的着装必须符合大众口味，时髦的东西或过于暴露的装束只能为少数人接受。总之，服饰应该起到美化作用，并且应通过美化人来帮助人们实现各自的交际目的。

【知识窗】

"九点贴墙"站姿训练法

1. 后脑、双肩、臀、小腿、脚跟九点紧靠墙面，并由下往上逐步确认姿势要领。

2. 女士脚跟并拢，脚尖分开不超过45度，两膝并拢；男士双脚分开站立与肩同宽。

3. 立腰、收腹，使腹部肌肉有紧绷的感觉；收紧臀肌，使背部肌肉也同时紧压脊椎骨，感觉整个身体在向上延伸。

4. 挺胸，双肩放松、打开，双臂自然下垂于身体两侧。

5. 脖子也要有向上延伸的感觉，双眼平视前方，脸部肌肉自然放松。

第四节　仪态万方动人心
——《中国机长》中的礼仪

剧情介绍

　　《中国机长》是由刘伟强执导，于勇敢编剧，张涵予、欧豪、杜江、袁泉、张天爱、李沁领衔主演的传记灾难片。影片根据2018年5月14日"5·14"川航航班备降成都事件改编，讲述了"中国民航英雄机组"成员与119名乘客遭遇极端险情而后化险为夷的故事。

【作者介绍】

　　于勇敢，编剧，电影学硕士，代表剧作有《一步之遥》《烈火英雄》《中国机长》。因《中国机长》获得第11届澳门国际电影节最佳编剧提名奖，因《烈火英雄》获第35届大众电影百花奖最佳编剧提名奖。

明礼知仪

（一）空乘礼仪

　　对于空乘这个职业而言，毫无疑问，形象的要求相对较高。影片中，除了那惊心动魄的情节让我们与之共惊吓、共欢喜之外，空姐以其得体的外在形象也给观众留下了深刻的印象。

1. 仪容礼仪

仪容通常是指人的外观、外貌，由发式、面容以及人体所有未被服饰遮掩的肌肤所构成，是个人仪表的基本要素。其中的重点则是指人的容貌。空乘人员的仪容会引起旅客的特别关注，并将影响到旅客对自己和航空公司的整体评价。

首先，空乘人员要做到仪容外在美。皮肤和头发干净、整洁，健康自然，充满活力，美好的仪容相貌无疑会令人赏心悦目，感到愉快。

其次，空乘人员要做到仪容内在美。通过努力学习，不断提高个人的文化、艺术素养和思想、道德水准，培养出自己高雅的气质与美好的心灵，使自己秀外慧中，表里如一。

（1）发部礼仪。

干净整洁。这是对空乘人员的最基本要求。自觉主动地对自己的头发进行清洗、修剪和梳理，以保持头发整洁，没有头屑，没有异味。

发式大方统一。按照要求统一进行盘发，统一佩戴发饰。健康亮丽的秀发、端庄文雅的发型能给他人留下美的感受，并反映出组织的精神风貌和健康状况。

忌标新立异，将头发染成彩色。

（2）面部礼仪。

面部干净。注意去除眼角、口角及鼻孔的分泌物。

口腔清洁。要坚持每日早晚刷牙，口腔有异味是很失风范的事情。在上岗之前，忌吃生葱、蒜、韭菜一类带刺激性气味的食物。

（3）手部礼仪。

俗话说"手是人的第二张脸"，对于空乘人员而言，在给旅客递送食物等物品时都需要将双手展示出来，手部同脸部一样，同样需要耐心细致的养护。

手部清洁。及时清洁手部，特别是冬天手部肌肤极易干燥起皮等，洗手之后最好使用油脂类护肤品来保护手部皮肤。

指甲长度适中。如果留指甲，长度最好不要超过指甲本身的三分之一。指甲比较软的人，留长指甲会导致指甲弯曲下垂不美观；而指甲比较硬的人，留得太长易钩破衣袜，更主要的是很容易刺伤别人。

忌涂抹有色指甲油。

（4）妆容礼仪。

化妆要自然。自然是化妆的生命，自然就是真实，自然之美是最令人欣赏的美。它能使化妆后的脸看起来真实而生动，而不是一张呆板生硬的面具。任何高超的化妆都应在似有似无之间，让人不易觉察，感觉似乎是天生丽质。日本化妆师小林照子曾指出，化妆如果人工痕迹过重，人们就会说"妆化得真好"，人们的视线就会集中到化妆上面，那么这种化妆是失败的。真正的化妆是让别人觉得"长得真好"，这才是化妆的最高境界。

妆面协调。在化妆时，应努力使整个妆面协调，并且应与全身的装扮协调，与所处的场合协调，与当时的身份协调，以体现出自己慧眼独具、品位不俗。

补妆要避人。化妆是一种个人隐私行为，空姐需要补妆时，忌在旅客面前进行。

2. 表情礼仪

表情是人体语言最丰富的部分，人们通过面部形态的变化来表达内心的情感世界。表情是一种特殊的"情绪语言"，通过喜、怒、哀、乐等来表达内心的情感。空乘人员要传达给旅客一种积极乐观的表情。

（1）目光礼仪。

目光是面部表情的核心，是一种真实、含蓄的语言。俗话说"眼睛是心灵的窗户"，就是指目光的传神作用，目光能够表达语言难以达到的意义和情感。一个人的眼睛能够反映出他的整个内心世界。泰戈尔曾说过，一旦学会了眼睛的语言，表情的变化将是无穷无尽的。

在问候乘客时，一定要注意目光的使用，不能死盯着对方，也不能不看对方，这都是不礼貌的。良好的目光应该是坦然、友善、亲切、有神的。采用平视的目光，表达平等、自信、坦率的含义，是一种最起码的礼貌。忌俯视、扫视或斜视等不友好的目光。

在和乘客交谈时，目光连续接触的时间一般为1—2秒，注视时间太短，会让人感到受漠视；注视时间过长，会令人觉得不自在，有一种被侵犯的感觉。

（2）微笑礼仪。

微笑是一种国际礼仪，也是空乘人员最基本的礼仪。亲切的微笑是无声的表达语言。与乘客初次见面，给对方一个亲切的微笑，瞬间就拉近了双方的心理距离，消除了乘客的拘束感与紧张感，给乘客宾至如归的感觉，显示出对对方的尊重与理解，化解对方的烦躁与疲劳。

3. 鞠躬礼

鞠躬源于中国的商代，是一种古老而文明的对他人表示尊敬的郑重礼节。它的适用范围很广，既适用于庄严肃穆的场合，如演讲、谢幕、接待来宾、悼念活动等，也适用于喜庆欢乐的场合，如领奖、婚礼等，同时也适用于空乘人员接待乘客时所用。

行礼时立正站好，保持身体端正，面对受礼者，距离两三步远，以腰部为轴，身体上部向前倾，同时问候"您好""早上好，欢迎光临"等。

4. 言谈礼

语言是空乘与乘客信息沟通的桥梁，是双方思想感情交流的渠道。

对于言谈交际的一些准则，中国古书也有大量记载，孔子曰："辞达而已矣。"即言辞是以达意就可以了。关于言谈与心理，中国古话有"言谈之道，攻心为上""发人曲衷，动之以情""以虚求实，曲得所谓等"。

（1）语言文明。

作为空乘，在交谈中一定要使用文明优雅的语言，绝对不宜在交谈之中采用"我去"之类不文明词汇。

在谈话中多使用礼貌用语是工作需要，更是博得旅客好感与体谅的最为简单易行的做法。所谓礼貌用语，是指约定俗成的表示谦虚恭敬的专门用语。例如，请客人把餐盘递过来时可以说"劳驾（辛苦）您将盘子递一下"，为客人送毯子有些迟时可以说"抱歉，让您久等了"。在工作岗位上，尤其有必要对五声十字礼貌语（您好、请、谢谢、对不起、再见）要经常加以运用，并且多多益善。

"您好"是表示问候的礼貌语，值机或有乘客需要帮助时都要主动向对方问一声"您好"。

"请"是一句请托礼貌语。在要求他人做某件事时，居高临下、颐指气使都不合适，低声下气、百般乞求也没有必要。在此情况下，多用上一个"请"字，就可以逢山开路、遇水架桥，赢得主动，得到对方的照应。

"谢谢"是一句致谢的礼貌语。每逢获得理解、得到帮助、承蒙关照、接受服务、受到礼遇之时，都应当立即向对方道一声"谢谢"。这样做既是真诚地感谢对方，也是对对方的一种积极肯定。

"对不起"是一句道歉的礼貌语。当打扰、妨碍、影响了别人或是在人际交往中给他人造成不便，甚至给对方造成某种程度的损失、伤害时，务必要及时向对方说一声"对不起"，这将有助于大事化小、小事化了，并且有助于修复双方关系。

"再见"是一句道别的礼貌语。在乘客下飞机时，道上一句"再见"，可以表达惜别之意与恭敬之心。

（2）规范沟通。和乘客交流采用普通话，忌用乘客听不懂的方言、土语。

（3）音量适中。声音过大容易有被训斥之感，过小则让人听起来费劲。说话如同唱歌一样，甜润动听、速度适中、强弱适宜、高低和谐的声音能使人在听觉上产生美感。

（4）语速适当。说话的速度不宜太快，亦不宜太慢。说话太快会令人应接不暇，而且自己也容易疲倦，而语速稍缓总比连珠炮式易于使人接受。

（5）语气温和。温和的语气更容易拉近与旅客之间的心理距离。

（二）乘客礼仪

（1）候机时保持安静，不在公共场合脱鞋或者一人占多个座位。

（2）上下飞机时，要对空姐点头致意或者问好。

（3）上机后不要抢座位，应该对号入座，不要把座椅靠背放得过低。如果想把座椅靠背向后放下，应当先和后面的人打声招呼，不要突然操作，以免碰到后面的人。坐卧的姿势以不妨碍他人为好。

（4）如果有特别需要就按座位旁边的按钮去呼叫空姐，不要在机舱内大呼小叫。

（5）在飞机上与人交谈时要避开空难话题，如劫机、坠机等空难事件。

（6）卫生间若有多人等候，应该照排队次序进行，不应争先恐后。

（7）不可在机舱走道及卫生间吸烟。

（8）不要在飞机上吐痰、随意脱掉鞋袜。

（9）享用免费食品时要量力而行，不要欲壑难填。

（10）遇到飞机误点或改降、迫降时，要耐心等候，不要将负面情绪洒向空姐。

（11）飞机机舱内通风不良，因此忌用浓香型香水。

【知识窗】

空乘人员聆听技巧

1. 双目注视乘客。

2. 上身微微前倾。

3. 保持微笑。

4. 适时点头。

5. 不中途打断对方。

6. 适时提问。

参考资料

[1]思履，文若愚. 彩图全解论语·中庸·大学[M]. 北京：中国华侨出版社，2015.

[2]郎建. 大学·中庸[M]. 北京：中国少年儿童出版社，2014.

[3]郎建. 论语[M]. 北京：中国少年儿童出版社，2014.

[4]朱熹. 四书章句集注[M]. 上海：上海古籍出版社，2006.

[5]李逸安. 三字经 百家姓 千字文 弟子规[M]. 北京：中华书局，2016.

[6]刘青文. 弟子规[M]. 北京：北京教育出版社，2015.

[7]梁实秋. 雅舍小品[M]. 昆明：云南人民出版社，2017.

[8]林语堂. 生活的艺术[M]. 长沙：湖南文艺出版社，2018.

[9]林清玄. 人间有味是清欢[M]. 北京：作家出版社，2017.

[10]毕淑敏. 做一个有香气的女子：心若幽兰远[M]. 北京：国际文化出版公司，2015.

[11]陈思和，李平. 当代文学100篇[M]. 上海：学林出版社，2003.

后 记

　　北京的秋，是醉人的秋。2019年秋天，我以访问学者的身份来到了北大燕园，在教育学院跟随文东茅先生学习传统文化教育与幸福。文老师开设了一门名为"教育与幸福"的课程，每周四晚的课堂是我凡常日子里期待的一抹亮色！文老师说，上善若水，让课堂成为滋养同学们心灵的"水"课！文老师的课堂是幸福的课堂，课前冥想与经典诵读、课中灵动的教学设计、课后的"手牵手"心得分享以及"国王与天使"小游戏……每个环节都引人入胜。每节课，文老师都会带着我们诵读传统文化经典著作——《大学》《论语》《中庸》《道德经》，会要求大家就经典中最有感悟的一句话或者结合当日课程主题以日志的形式写下自己的感受，并在微信群打卡。特别值得一提的是，日志记录本所采用的不是普通的笔记本，而是专门印制出来的4套以《大学》《论语》《中庸》《道德经》为系列主题的装帧精美的日记本，每一页页眉上均有一句经典名句，让大家在潜移默化中巩固了记忆。文老师提倡在日志中围绕"善行善念、幸福时光、感恩世界，不说谎、不抱怨、不懈怠"主题，记录自己的心得，以此提

升感知幸福的能力！"幸福是不断向上、向善的心安！"如今，
文老师的这句课堂总结话语如格言般仍然时时激励与提醒着我，
给我以继续前行的勇气！

本书的上半部分"'礼之根'——典籍中的礼仪"基本上就
来自这个时期的文字积累。

曾经的自己，是一名不折不扣的文学青年，对文学满是痴痴
的爱、浓浓的情，故从大学到硕士，一直都围绕着文学专业在学
习，在报刊上陆陆续续地发表了一些文字，也曾描摹过未来——
做一名兰心蕙质的女教师，在讲台上讲授文学。

然而，人生处处有转折。那是一个夏荷灿烂绽放的上午，初
见气质若兰、仪态万方的校党委宣传部部长、资深礼仪教师李欣女
士，便得到她的引领与亲力指导，自此我得以翩然转身与礼仪课程
柔情牵手。岁月舞动了四季，后来，虽然李欣老师升职为校领导，
但她依然会在百忙之中给予我一些关于礼仪教学的宝贵建议。在某
种意义上，李欣女士是我的启蒙老师，我的成长离不开她的呵护、
关爱与培育，一日为师，终身为师，感恩缘定的遇见。

当初对文学坚如磐石、韧如蒲苇的信念，遇见礼仪后，一见
钟情地移情别恋，并越陷越深，无法自拔。来自全国各地由权威
机构主办的礼仪师资培训，每一场我都不愿意错过，我的足迹踏
遍了北京、上海、广州、西安、杭州、深圳等城市，只为了寻求
与礼仪的美丽相约，虽然没有经费的资助，但我仍然自费参与，
欣欣然地陶醉在其中。2017年，我专门拜师于国内著名礼仪培训
导师纪亚飞女士，成为纪老师的私教弟子。2008年北京奥运会、

2016年首届丝绸之路（敦煌）国际文化博览会、2016年G20杭州峰会、2021年第十四届全国运动会、2022年北京冬奥会……在这些重大的活动中，都闪烁着礼仪指导专家纪亚飞的优雅身影。当年，我身边的很多朋友的目光中都充溢着疑惑与不解，他们说，以我10余年的礼仪教学生涯与培训经验，还有必要专门千里迢迢北上自掏腰包去上极其昂贵的私教课吗？是哪根神经出了问题？！面对质疑，我淡然一笑，所有的缘起很简单，那就是源自内心对礼仪的热爱。

然而，文学于我，却是渐行，渐远，渐无声。但是，对文学的那份初心与挚爱仍在，不曾远离。2022年，我考取了中国现当代文学专业的博士，有幸师从孙先科教授。孙教授系中国现当代文学研究会理事、河南省文艺评论家协会主席，在圈内颇有威望。从文学到礼仪，再从礼仪到文学，兜兜转转，又回到了原地。这时才蓦然发现，原来文学恰如年少时美好的初恋，温柔地潜藏于心底，悄悄绽放。

本书的下半部分"'礼之花'——文学中的礼仪"是我在礼仪教学中，尝试从文学的视角解读礼仪的成果。当文学牵手礼仪，我看到了别样风景的呈现。

程燕

2023年5月1日

于郑州如意湖畔